人生大学名人讲堂

巴菲特
天才投资家的人生感悟

TIANCAI TOUZIJIA DE RENSHENG
GANWU

主　编：拾　月
副主编：王洪锋　卢丽艳
编　委：张　帅　车　坤　丁　辉
　　　　李　丹　贾宇墨

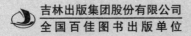

吉林出版集团股份有限公司
全国百佳图书出版单位

图书在版编目（CIP）数据

巴菲特：天才投资家的人生感悟 / 拾月主编. --长春：吉林出版集团股份有限公司, 2016.2（2022.4重印）

（人生大学讲堂书系）

ISBN 978-7-5581-0762-7

Ⅰ. ①巴… Ⅱ. ①拾… Ⅲ. ①巴菲特，W. - 生平事迹 - 青少年读物 Ⅳ. ①K837.125.34

中国版本图书馆CIP数据核字（2016）第041373号

BAFEITE TIANCAI TOUZIJIA DE RENSHENG GANWU

巴菲特·天才投资家的人生感悟

主　　编	拾　月	
副 主 编	王洪锋　　卢丽艳	
责任编辑	杨亚仙	
装帧设计	刘美丽	

出　　版	吉林出版集团股份有限公司	
发　　行	吉林出版集团社科图书有限公司	
地　　址	吉林省长春市南关区福祉大路5788号　　邮编：130118	
印　　刷	鸿鹄（唐山）印务有限公司	
电　　话	0431-81629712（总编办）　　0431-81629729（营销中心）	
抖 音 号	吉林出版集团社科图书有限公司　37009026326	

开　　本	710 mm×1000 mm　1 / 16
印　　张	12
字　　数	200千字
版　　次	2016年3月第1版
印　　次	2022年4月第2次印刷

书　　号	ISBN 978-7-5581-0762-7
定　　价	36.00元

如有印装质量问题，请与市场营销中心联系调换。0431-81629729

"人生大学讲堂书系" 总前言

昙花一现，把耀眼的美只定格在了一瞬间，无数的努力、无数的付出只为这一个宁静的夜晚；蚕蛹在无数个黑夜中默默地等待，只为了有朝一日破茧成蝶，完成生命的飞跃。人生也一样，短暂却也耀眼。

每一个生命的诞生，都如摊开一张崭新的图画。岁月的年轮在四季的脚步中增长，生命在一呼一吸间得到升华。随着时间的推移，我们渐渐成长，对人生有了更深刻的认识：人的一生原来一直都在不停地学习。学习说话、学习走路、学习知识、学习为人处世……"活到老，学到老"远不是说说那么简单。

有梦就去追，永远不会觉得累。——假若你是一棵小草，即使没有花儿的艳丽，大树的强壮，但是你却可以为大地穿上美丽的外衣。假若你是一条无名的小溪，即使没有大海的浩瀚，大江的奔腾，但是你可以汇成浩浩荡荡的江河。人生也是如此，即使你是一个不出众的人，但只要你不断学习，坚持不懈，就一定会有流光溢彩之日。邓小平曾经说过"我没有上过大学，但我一向认为，从我出生那天起，就在上着人生这所大学。它没有毕业的一天，直到去见上帝。"

人生在世，需要目标、追求与奋斗；需要尝尽苦辣酸甜；需要在失败后汲取经验。俗话说，"不经历风雨，怎能见彩虹"，人生注定要九转曲折，没有谁的一生是一帆风顺的。生命中每一个挫折的降临，都是命运驱使你重新开始的机会，让你有朝一日苦尽甘来。每个人都曾遭受过打击与嘲讽，但人生都会有收获时节，你最终还是会奏响生命的乐章，唱出自己最美妙的歌！

正所谓，"失败是成功之母"。在漫长的成长路途中，我们都会经历无数次磨炼。但是，我们不能气馁，不能向失败认输。那样的话，就等于抛弃了自己。我们应该一往无前，怀着必胜的信念，迎接成功那一刻的辉煌……

感悟人生，我们应该懂得面对，这样人生才不会失去勇气……

感悟人生，我们应该知道乐观，这样生活才不会失去希望……

感悟人生，我们应该学会智慧，这样在社会上才不会迷失……

本套"人生大学讲堂书系"分别从"人生大学活法讲堂""人生大学名人讲堂""人生大学榜样讲堂""人生大学知识讲堂"四个方面，以人生的真知灼见去诠释人生大学这个主题的寓意和内涵，让每个人都能够读完"人生的大学"，成为一名"人生大学"的优等生，使每个人都能够创造出生命中的辉煌，让人生之花耀眼绚丽地绽放！

作为新时代的青年人，终究要登上人生大学的顶峰，打造自己的一片蓝天，像雄鹰一样展翅翱翔！

"人生大学名人讲堂"丛书前言

　　名人是一面镜子。名人成功背后的经验是我们成长路上宝贵的精神财富，名人的失败教训会让我们在人生奋斗的历程中多几分冷静，少走几段弯路。古往今来成大器者，都十分重视吸取名人的经验教训。牛顿说："我之所以成功，是因为我站在了巨人的肩上。"现代社会竞争激烈，每个想在成长途中少走弯路、多几分成功机率的人，都没有理由不去关注名人。我们不应忘记，那些站在世界历史殿堂里发出宏音、在人类文明进程中留下足迹的英杰伟人。他们以身作则，鞠躬尽瘁，奉献自己的光和热，为人类文明的进步起到了不可忽视的作用。

　　"人生大学名人讲堂"丛书选择世界上最具代表性的10位各领域的名人，以传记故事为载体，通过生动有趣的故事，全方位地讲述其成长历程、主要成就和性格身份特征，真实地还原了一个时代伟人。本丛书用生动、富于文采的语言描述了各领域名人的生平轶事、成功轨迹，行文流畅，文笔优美，引人入胜。丛书内容翔实，不仅生动地记载了每位名人的生平经历，而且客观地总结了他们的成功经验和失败教训，文字通俗易懂，融知识性、趣味性于一体，足以为今人提供借鉴，帮助大家做一个有所作为、有益于社会的人。

此套丛书不同于名人传记大量罗列人物所取得成就的做法，避免行文苍白、单调的缺点，无论是《乔布斯·用思想改变世界的传奇人生》《爱迪生·光明使者的精彩人生》《特蕾莎修女·在爱中永生的灿烂人生》《爱因斯坦·科学巨人的人生启示》《贝多芬·同命运抗争的坎坷人生》，还是《卡耐基·洞悉人性的人生导师》《巴菲特·天才投资家的人生感悟》《松下幸之助·经营之神的人生智慧》《原一平·推销之神的人生真谛》《比尔·盖茨·世界首富的慷慨人生》，我们都能全方位地以一个常人的角度来解读人物的一生，客观地评价人物性格，看待人物的喜怒哀乐、人生起伏，从而在他们身上得到可以在今天的现实生活中实际应用的人生智慧和处世准则，同时也吸取他们身上的教训，在阅读他人人生故事的过程中完善自我人格。

读"人生大学名人讲堂"丛书收获经验和智慧，看世界伟人的传奇故事。名人在未获得巨大的成功之前也只是普通的一员，踏着名人成长奋斗的印迹，能让我们真切地感悟到他们成功的经验！你可以欣赏指点江山、叱咤风云的英雄伟人；探索一生、创造无限的科技精英；文采斐然、妙笔生花的文化巨擘；叩问生命、润泽心灵的思想大哲……你可以学习投资家的高瞻远瞩、博大胸怀；商业家的韬略智谋、机会驾驭；艺术家的激情创造、灵感飞扬；宗教领袖的独特理念、献身精神；科学家的坚持真理、不懈探索……你可以发现，伟大人物的成功之路虽有千条万条，但他们却拥有共同的秘诀：远大的理想和不懈的努力，敏锐的目光和果敢的行动，顽强的意志和坚定的决心……

成功之路，从这里起步。

第 1 章　态度决定一切——巴菲特的金钱观

第 2 章　成功无诀窍——巴菲特谈成功

第3章　独木不成林——巴菲特谈交际

第4章　投资不是投机——巴菲特谈投资

第 5 章　你不理财财不理你——巴菲特谈理财

第 6 章　不做压力的奴隶——巴菲特谈心态

第7章　不做负翁做富翁——巴菲特的投资技巧

第 1 章

态度决定一切——巴菲特的金钱观

在工作面前，态度决定一切。没有不重要的工作，只有不重视工作的人。不同的态度，成就不同的人生，有什么样的态度，就会产生什么样的行为，从而决定不同的结果。所以，我们做任何事情，成败的关键在于我们做事的态度，关键在于我们是直面困难、解决困难，还是回避困难、在困难面前放弃。这是一个态度问题。

第一节　你在为自己工作

懂得让钱为你工作，而不是你为钱工作。一个人生活在世界上，需要去挣钱，但是不能被钱所羁绊，挣钱也是要讲究特殊技巧和方式的。

——巴菲特

你在为谁工作？

你在为谁工作？这似乎是一个简单到有些愚蠢的问题，为了生存、为了家人、为了……一千个人心中或许会有一千个答案，但多半都是为了每个月到手里那或多或少的工资，也就是所谓的薪水。但是，如果你想做一个成功的投资人，不妨看看别人的态度。

世界首富、著名的投资商巴菲特认为："任何一个成功的投资人，都是善于借用他人的力量来为自己创收的。在创业的时候没有钱，但并不妨碍成功，这就要学会借鸡生蛋，让钱生钱。也就是要懂得让钱为你工作，而不是你为钱工作。一个人生活在世界上，需要去挣钱，但是不能被钱所羁绊，挣钱也是要讲究特殊技巧和方式的。"

当然，这并不是说要让每个人都想着如何"用钱生钱"，而忽略掉现实的种种因素，最重要的是观念上的改变。一个成功的人，尤其是希望在行业内有突出成就的人，必须是具有开拓精神的人。他必须具备创新精神、勤于思考，也要有打破常规的勇气，懂得利用外界的资源去寻求更大的发展。这种见识才是一个人真正的财富。

作为世界首富，巴菲特拥有巨大的经济资本，但是他心里非常清楚，金钱是为人服务的，人不能被金钱所捆绑。他在运用复利的方式不断创造财富的同时，并没有被金钱所迷惑，也从不盲目自满。他认为，积累财富既要寻找机遇，也要顺其自然。否则人就可能被金钱所左右，甚至沦为金钱的奴隶。

对于那些整日为了金钱疲于奔命的朋友，巴菲特倒有一个非常不错的建议："我反对拼命，我赞成技巧。"在巴菲特的眼中，挣钱本身就是一件很有意义的事情，但这个意义并不在于挣了多少钱。

实际上，在拥有了大量的金钱之后，钱就是概念中的一串数字而已。在更大程度上，钱就是一个概念。只有当你拥有了巨额财富之后，你才能跳出金钱的概念之外，去思考金钱的真正含义。当然，作为普通人的我们来说，常常会在现实生活之中不自觉地就做了金钱的奴隶，那么我们不妨多了解一下投资人心中的金钱究竟是什么。

巴菲特常常强调，一个人的能力和精力永远是有限的，而这个时候，个人必须凭借外部力量最大限度地扩展财富，学会让钱来为你服务。

让金钱为人服务

这是世界首富对于金钱的一个定义，也是他对金钱的一种态度。那么建立在这个态度之上的，最直接的反馈，就是对待工作的态度。人到底是为了什么工作？在任何一个成功人士的眼中，工作都绝非是赚钱这么简单，其中包含的更多的是自身价值的实现，更是对自身能力的证明。任何一个人最初进入社会，进入工作领域，都是从新人做起，经过不断积累，从而完成自身的晋升。巴菲特作为一个出色的投资人，他说："善于用别人的钱来进行投资不失为一种逾越自有资金局限、规避风险的方法。每个人的个人资金都是有限的，不可能有太大的作为，尤其是一些初步涉及投资领域的新人。"

巴菲特的这番话并非是纸上谈兵，而是他的经验总结。他之所以能够在投资市场取得非凡的成绩，一方面是因为他能够对股票市场进行精准的把握，另一方面就是他善于利用外来资金进行投资。从无到有，从少到多，实现财富的"跨越式积累"。那么，究竟这位世界首富的第一桶金是怎样得来的呢？

在他大学毕业之后，接受了父亲的建议："不要盲目找工作，不如先到父亲的公司来工作一段时间，熟悉职场规则。"巴菲特接受了父亲的安排，但他只是很负责地做着一名员工应该做的一切，他并没有因为他父亲的关系而得到半点优待。一段时间之后，他感觉自己得到了锻炼，更重要的是，他了解了职场上的基本规则。这时候，他的导师格雷厄姆向他抛出了橄榄枝，邀请他到纽曼投资公司工作。就这样，他正式进入了投资金融圈子。

格雷厄姆对巴菲特的影响非常巨大，不仅让他学到了很多投资理论和实践经验，也让他在很短的时间内了解了这个圈子里的很多业内法则。但过了一段时间之后，纽曼投资公司解散了。于是巴菲特又回到了奥马哈，并且在一个家庭宴会上宣布成立合伙公司，希望亲友们都来参与。巴菲特的这个方式也就是典型的"借鸡生蛋"的办法。在没有任何启动资金能够资助自己的时候，他选择了用这种方式号召大家对他的公司进行投资，以公司未来的前景作为筹码。他在纽曼公司工作过的经验也为他在亲友之间建立了一定的信任度。很快，随着财富的积累，巴菲特有了一定的资金，但他并不满足于这种规模，继续使用"让钱生钱"的办法再次扩大生产。

让时间来检验

伯克希尔公司是美国一家老牌纺织厂，早在 1790 年就成立了，一直由察思家族所掌握，直到后来与哈撒韦制造公司合并，才一跃成为全美国的纺织行业的龙头老大，棉纺织量一度占到了整个国家全部棉花数量的 25%，到了后来，演变成为专门为衬衫、床单、手绢等生产主要纤维的多工厂联合体。

然而，经过一个多世纪的洗礼，这家纺织集团却没落了。到了 1955 年，伯克希尔公司再也无法支撑下去，这主要是因为察思的经营理念陈旧落后，难以跟上社会发展的水平，再加上外部环境非常不理想。所以最后这家驰骋商界一个多世纪的老牌公司只能被迫与同样遭受损失的全国最大的纤维经营商哈撒韦公司合并，但是失去了公司的经营权。新的总裁名叫斯坦顿。在公司合并的开始几年里，斯坦顿置办新的设备以提高生产效率，很快，公司发展成为新英格兰最大的也是唯一幸存下来的纺织品制造商。

不过，随着年龄的增大，斯坦顿到了晚年非常固执，不能听从不同意见。到 20 世纪 60 年代初期，已经 70 多岁的斯坦顿不顾其他人的反对，仍然不断地加大对公司的投入，但依然无法阻止公司的经营状况一路下滑，再加上他和弟弟之间的矛盾丛生，一切的前景不容乐观。到 1963 年年初，伯克希尔的股票由每股 1434 美元下降到 813 美元，形势严峻，而之前长达 8 年的时间，公司的股票也一直处于疲软状态。

现实是非常残酷的，不管在任何时代，都是如此。面对满目疮痍的公司现状以及已经无法遏制的股票暴跌，几乎没有人敢去伸手援助了。

如果没有奇迹出现，那么这家公司很快便要宣告破产。但是，创造奇迹的人出现了，这就是"股神"巴菲特。

早在1962年，巴菲特就购买了伯克希尔公司的一些股票，那时候他还没有更多的想法，只是想趁着股票低迷的时候买进一些。不过这只股票一路唱衰，越来越低迷，他知道，如果没有好的方法，这家公司很难再起死回生了。在这种情况下，他陷入深深的思索之中：这毕竟是一个老牌的公司，很多年来在人们的心目中享有一定的信誉，这种信誉在商界就是财富，多少家新公司花费了大量的人力、财力，无非就是为了建设这样的口碑。巴菲特突然萌生了一个新的想法，那就是通过接管这个公司，把自己纯粹的投资人身份变成既是投资者又是经营者的双重身份，以获取更高的利润。

于是，他决定付诸行动。在这个几乎变成废墟的地方，在当地的投资人都唯恐躲避不及的时候，巴菲特却反常地主动靠近伯克希尔公司。他立即采取了措施——加大了对伯克希尔公司股票的购买力度，并且直接找到公司的大股东购买他们手上的股票。

这个投资行动引来很多人的观望，在这片已经荒芜的土地上，这个猎手还能挖掘出什么财富吗？他们很不理解巴菲特的这一做法，在他们看来，伯克希尔公司就是一个只能往里贴钱而不能够见到效益的沼泽，只会将所有的投资深深地吸进去，而无法创造出财富。随着事态的发展，大家慢慢发现，这家公司在巴菲特的手中竟然逐渐改变了原先陈旧的作风，他似乎为这个企业注入了新的力量。谁都不相信，巴菲特竟然以这家即将倒闭的公司为据点，正式向商场发起了他的总进攻。巴菲特坚信伯克希尔一定会带给他好运的。

或许很多人都会问，巴菲特究竟做了什么，能够让已经困在绝境的伯克希尔公司起死回生？

巴菲特决定接管这家公司，绝非是突然萌发的念头，也绝对不是心血来潮，在接管之前，他做了非常充分的调研和考察。1965 年 5 月 10 日，他正式对这家公司进行了接管，他并没有按照以往的套路，再次加大投资的金额，也没有沿着原本的轨迹运营，而是借用伯克希尔公司这个招牌开始了他另外的计划。

很快，伯克希尔公司不再是一个单纯的经营纺织业务的公司，它成了一个全新的投资实体。伯克希尔公司拥有非常独立且完善的管理制度和充分的人力资源，这也是他原先就非常看重的部分，当然，这些的确成为他的生财机器。即使巴菲特待在家中，也不用担心那些人创造的财富流失到别处。这种杠杆原理让很多人力和财力都能有序地为他创造利润。巴菲特巧妙地借用了它的外壳，在短短不到四年的时间里，就相继收购了一个联合企业和一家国家银行，业务扩张到包括海运、印刷、保险等方面——一个巨大资本王国的轮廓已经初见端倪。

众所周知，伯克希尔公司后来成为巴菲特最成功的案例之一，这块金字招牌一直闪亮到现在。2002 年，《财富》杂志的一项调查发现：伯克希尔公司成为美国最受人尊敬的十家公司之一。巴菲特的眼光的确非常独特而敏锐，他接管伯克希尔公司，并以此为平台，一步步将自己的事业推向顶峰。他那种无人可比的嗅觉和判断能力，尤其是"借鸡生蛋"技巧的运用，不仅将一个濒临破产的企业救活，也点亮了巴菲特作为投资人的招牌。

巴菲特常常幽默地对朋友们说："我不喜欢劳动，尽管从小就被送到农场去锻炼，但是，我在那里没有扶犁耕地，只是多读了几本书，所以这个方面的缺陷就会得到其他方面的补充。无论是成功的投资人还是投资机构，让钱生钱是最基本的赢利方式，只是我运用得多一些罢了。"

在收购伯克希尔公司之后漫长的岁月中，即使巴菲特拥有上亿元资产，他也没有丢弃借鸡生蛋的手段。尤其是对保险业的涉足更是他运用这种思维的具体表现，这也使他运用这种手段达到了登峰造极的地步。巴菲特以钱生钱，让钱在自己的左右之下持续不断地以惊人的速度积累，从而达到了让钱来为自己工作的目的。

第二节　梦想和成功的方程式

我们不光要做梦，还要有强烈的收获成功的欲望。不管你的梦想是什么，要将你的梦想说出来，制定成毕生追求的目标并为之努力奋斗。

金钱的欲望

一个人的成功取决于很多因素，涉及个人素质、潜能、专业知识以及经营能力等方面。其中，个人素质与潜能发挥是成功的基础，而对金钱的渴望则是成功的动力，它能最大限度地激发你获取金钱的能力。

一项有趣的调查表明：60%以上的成功人士都没有读完大学或者没有取得大学学位，较为典型的如汤玛斯·爱迪生、亨利·福特、比尔·盖茨、蜜雪儿、戴尔等。但无论有没有大学学历，这些成功人士都有一个共同的特点——从小具有数字天赋，并痴迷于金钱，且具有生财致富的强烈欲望。

每个人都有对金钱的欲望，但不是每个人都有着能够成功的机遇和潜力。有的人拥有这样的潜力，但安于现状，同样不能成功。所以世界上能够拥有大量财富的人，屈指可数。

1956 年，华伦·巴菲特拿着 100 美元开始了他真正的投资生涯，数十年后成为了世界首富，成为了全球最伟大、最富有的投资家。他的成功与与生俱来的生财潜能密不可分。在他的童年时代，似乎就注定了他这一生将走上金融投资的道路。他的父亲是当时比较成功的证券经纪人，所以巴菲特从小就耳濡目染，对数字有着超乎寻常的敏锐度，小小年纪就拥有了心算天赋。

在巴菲特 7 岁的时候，他生了一场大病，高烧不止，几乎被夺去性命。病床上的小巴菲特有过一次奇怪之举——他在一张白纸上写下一长串数字，并一本正经地对医生和父亲说："这些数字就是我未来所拥有的财富，虽然我现在没有这么多，但总有一天我会赚到的。"当时在场的人都认为小巴菲特脑筋"烧坏了"，谁都没有太当真，没人想到他后来所赚到的钱远远超过那个数字。

要成功，先做梦

要赚钱，首先要先学会做梦！任何一种成功，首先都来源于一个梦，一个看似不太切合实际的梦。有的人将这种梦变成了人生的梦想，有的人只是做了一场白日梦。这就是所谓的梦想，有的人能够完成，有的人终究一场空，这源于个人能力和坚持的程度。但连梦都不敢做的人，如何能够成功呢？

我们不光要做梦，还要有强烈的收获成功的欲望。不管你的梦想是什么，要将你的梦想说出来，制定成毕生追求的目标并为之努力奋斗。一个人如果没有梦想，那么终将一辈子庸庸碌碌。没有梦想的人，即便他很努力，也注定一事无成。因为他只会机械地、被动地接受别人的指令，执行别人的计划，没有自己的思维，没有主观能动性。他像一台被锁定程式的机器，不停地转动直到程式结束。

巴菲特的成功源于儿时的梦想，而且他从不掩饰自己对金钱的渴望："我对钱特别感兴趣。"巴菲特如是说。

无独有偶，另一位颇具影响力的富翁约瑟夫·墨菲也这样说："想拥有财富，必先具有赚钱的潜意识，随时随地，你都要告诉自己，我会拥有很多很多的财富。"这是他在一次面对众多"拜金者"的演讲中幽默的解读，"当你闲暇的时候，要不断地吟诵如下一段话，'我爱钱，特别特别的爱！'钱真是个好东西，可以实现我太多的梦想。当然，赚钱是我最大的梦想。所以，我希望我的钱能源源不断地进来，而且成倍地增加。我很高兴花这些钱，而且花在对的地方，花得有创意。我以自己的利益和财富起誓：'我爱钱，感谢钱，感谢上帝！'"

你应该相信约瑟夫·墨菲，相信华伦·巴菲特，照他们的话去做，因为他们有钱，因为他们爱钱，因为他们有一个永不磨灭的梦想以及实现梦想的欲望，也因此他们如今成了一个成功的人。一个带有实现人生价值和使命感的真正梦想，是你人生不可或缺、不可分离的一部分。你会无时无刻地思考它、探索它。你永远不能脱离这个梦想。梦想永远在那里，它是你生活的重心，也是你生命的源泉。

梦想使你的人生更富有价值！敢于做梦的人，就具有从卑贱到尊贵、从平庸到优秀的发展动力。

梦想是个人成功的原动力，而拥有许多的梦想者则是整个社会不断发展进步的有力保障。任何一个国家和民族的兴旺发达，任何一种信仰和义明的传播和继承，都离不开一群拥有伟人梦想的人的推波助澜。不难想象，如果没有一批又一批的追梦者，那么美洲仍是一片荒芜的处女地，而美国更谈不上成为世界列国之翘楚。

梦想者永远能够成就"难以完成"的事业。古往今来的成功人士，大多是善于做梦的人、敢于做梦的人，他们现在所拥有的一切财富都是过去梦想的总和，是各个时代的梦想实现的结果。为了不断积累财富，他们依然在编织着新的梦想，并一刻不停地追逐梦想。这样的人从来不满足于现状，也不满足于曾经获得的成就，他们内心坚定地充满了斗志，所以能够用自己的双手打拼出一片广袤的天地。

而梦想带给人类的，并不仅仅是金钱财富，它更让我们从曾经充满痛苦与烦恼的环境中挣扎出来。古往今来，很多人的梦想都不仅仅是他们个人的梦想，他们的梦想影响了周围太多的人，甚至导致了整个时代的变迁。他们的梦想不仅仅给众多百姓创造了工作机遇，甚至改变了一代人的生活方式。如果没有乔布斯，苹果公司是不能够真正打开中国市场的，如果没有乔布斯当年对梦想持之以恒的坚持，手机或许只能停留在通信领域，而并不能成为我们生活的必需品。乔布斯的改革不仅促进了他的竞争对手的成长，也改变了大多数人的生活方式。

不想当将军的士兵不是好士兵，同理，不想当老板的员工也不是好员工。

美国最大的零售商人约翰·华纳马克在成功之前，只是一个零售店的普通店员。但他一直梦想着成为一个零售店店主。他从不掩饰自己的梦想，甚至大胆地把这个梦想告诉自己的老板。

老板不以为然，反过来讥笑华纳马克说："喔，我的上帝！你听听大言不惭的约翰在说什么？他的存款还不够他买一套像样的服装呢！"

华纳马克并不恼怒，只是淡然地反驳道："是的，老板，你说得没错！我现在没有钱买一件像样的衣服，也没有钱开一家零售店，但迟早我会和你一样拥有一家像样的店铺，而且一定会比你的这家店大很多。"

这样的回答在老板和大多数人耳中，只是一个年轻人的"狂妄和无知"。但几年后，他所拥有的零售店的规模，大于那个老板的几十倍。"我没读过什么书，也没什么本钱，但我知道如何不断充实自己必要的知识和累积自己的财富。我一直没有放弃过梦想，因为我知道自己会成功！"成功之后的华纳马克如是说。

从一个普通的零售店员工最终走到老板的位置，华纳马克用了几年的时间，在此之前没有人敢断言他能够成功，但同样，也没有人能够肯定他今后一定不成功。所以梦想对一个人的重要性可见一斑。如果华纳马克只想安安稳稳拿着每个月固定的薪水，他永远只能停留在店员的定位。所以，只要你拥有梦想，并且坚信自己总有一天会梦想成真，再为之努力奋斗，就没有不能完成的梦想。当然，梦想之路充满了荆棘和泥泞，你必须为了实现梦想而努力，而承担精神和肉体的考验。当你真正成功的时候，追梦途中的艰辛和痛苦就算不了什么，为了梦想付出的人永远都是生活中的强者。

同样敢于追梦的也是英雄，比如法兰西民族英雄、世界著名军事家夏尔·戴高乐将军，为了追寻自己的梦想，他所付出的就不仅仅是艰辛，而是血和汗水。

夏尔·戴高乐从小给自己定下了做军人、当将军的梦想。

在他小的时候，最常和哥哥格扎维埃玩的游戏是关于法、德两国交战的内容，哥哥由于经常扮演德国皇帝而有些厌倦，便要求做一回"法国国王"，但戴高乐坚定地说："门儿都没有，法国是我的！"

这是戴高乐心中的一个梦想，为了保卫祖国而奋斗，成为一名真正的军人，甚至成为将军。在很多人看来，儿时的戏言并不能太当真，小孩子根本没有一个明确的人生观和价值观，但在戴高乐的心里，这就是一个梦想，一个远大而宏远的梦想！

为了完成这个梦想，夏尔·戴高乐决定一定要考上圣西尔军校。但当时由于沉迷于文学和军事游戏，他学习并不努力。母亲恩威并济也没能扭转他的学习态度。然而父亲的一句话却产生了奇效，他很严肃地对戴高乐说："如果你不用功学习，就别想考上圣西尔军校。"

此后，戴高乐改变了学习态度，成绩扶摇直上。1909 年，他如愿考入圣西尔军校，开始了自己的梦想之旅。考入军校是他走入军人生活的第一步，从军校毕业以后，戴高乐参加了第一次世界大战，在战斗中受伤被俘，直到德国投降后才出狱归国。回国后，戴高乐先在圣西尔军校任教，随后考入法国军事学院深造。第二次世界大战期间，戴高乐屡立战功，终于功成名就，完全实现儿时的将军之梦。

为了实现心中的梦想，戴高乐付出的不仅仅是自己的努力，还有自己的自由和生命。如果最初他没有当军人、当将军的梦想，或许学习不好的他只能找到一份非常普通的工作，这样的话，他平安地过完了庸庸碌碌的一生，不会受伤、不会被俘，但是他一定不会真正的快乐。为了梦想，他付出的代价是在和平时期的人们所无法想象的，可是他成功了，他不仅成了将军，更成为人们心目中的英雄。

让梦想转个弯

梦想是丰满的，现实是骨感的。在人们追寻梦想的时候，会遇到各种各样的问题：有的人毕生追求的梦想却至死都没有完成；有的人在追梦的过程中屡战屡败，因而常常感叹"生不逢时"或是"英雄无用武之地"；有的人在历尽沧桑之后才猛然发现，自己真正追求的是另一个梦想……很多人都有这样的感叹：我曾经有一个梦想，但最终我的职业和我的梦想相差十万八千里。如果能够让我进入我梦想的领域，那我就能够如何如何。这是很多人逃避现实、逃避失败的一个常见的借口。

很多人都喜欢将梦想具体化，甚至具体到某一块领域、某一个职业。其实是我们将梦想这个原本很宏大的词汇狭隘地认知了，追求梦想的本质是追求成功的欲望。什么是成功？成功就是自我价值的肯定到完全的体现。因此，梦想本身只是一种思维方式，一个无形概念，根本不应该受到具体从业形式的限制。

比如有的人，他的梦想就是追求财富，财富是他的终极目标，而形式只是他获取财富的手段。所以他不会去介意财富是从什么行业中获得，只要是合法的，他就会去做。比如说大家都知道的"旅店大王"希尔顿，他清楚地认识到了这一点，才最终真正走上了成功之路。

希尔顿最开始的梦想是做一个银行家，因为他觉得"能让钱生钱"

的银行业实在是太酷了，但他的自身条件并不十分出色，很难进入银行工作，更不可能成为他心中所想的银行家了。可是他并没有像很多人一样放弃自己的梦想，而是改变了自己的前进方向，开始了旅店经营，最终他成功了。

像希尔顿这样的事例并非特殊，大凡成功者，在追求梦想的过程中，随时都在调整自己的目标和计划。世界万物随时随地都在发生着改变，唯一不会发生变化的就是变化本身。所以，梦想和成功的定义、方向是在于你想要什么、你想做什么、你想成为什么，而这个途径随时可以改变，因为你对成功的定义也可能随时都会更改。我们必须清楚：当你执着于某个目标时，其实拥有比想象中更多的选择。

每个人的梦想都不是唯一的，梦想只是一个抽象的概念，它是多元化的，只是人们常常沉陷于自己设定的"唯一"条件中。在这种束缚里，人的思考能力都变得滞后，无法跳出自己给自己设定的桎梏，从而错失良机。或许，真正的成功机会很可能存在于你未曾想过的环境里，甚至是在从未有人尝试过的可能性中。

所以，成功的人往往具备思维敏捷、决策灵活的特点。现实对每个人都很公平，我们会遇到束缚和困境，成功的人也曾经遇到过，只是他们逃出了自我设置的"唯一"陷阱，给梦想一个转弯的空间，这也就是给了自己多一个成功的机会。

在追求梦想的征途上，我们不能一味鲁莽地向前冲，要随时留意身边的条件变化，随时捕捉其他更容易达成梦想的机会。就如同捕捉猎物的猎豹，在捕捉的过程中不放过任何一个捕捉猎物的机会。这和我们勇敢追求梦想的道路一样，我们要对各种变化随机应变，接受各种可能，更不能错过任何一个成功圆梦的机会。

当然，"让梦想转弯"并非是要随意改变自己的计划和目标，当一个貌似机遇的条件出现时，你必须认真地审视它，就像面临其他选择时所做的一样，甚至要更加谨慎地对待。首先，评估它能否达到你所追求的目标；其次，看看自己的条件能否驾驭这个机会。这两点缺一不可。如果它与你的梦想背道而驰，那根本就不能称之为机遇；如果它完全符合你的梦想和计划，但你不能驾驭它，那说明这只是一个诱惑。直到当你拥有完全驾驭它的能力之后，那才能成为一个人生的机遇。

你该如何辨别这个机遇究竟是路障、诱惑还是新的方向呢？方法就是你不断地问自己如下的问题：

它真是我想要的吗？

我需要它的欲望强烈吗？

它是不是能够持续增长，还是只是昙花一现？

这个机会比上一个更容易实现我的目标吗？

如果这几个问题问完后，你心中已经有了明确的答案，那么你一定能够谨慎地对待这些机会，绝对不会因此而迷茫。人在追寻自己梦想的时候，要给梦想一点空间，让它慢慢发展；给梦想一点时间，让它在心中慢慢沉淀。梦想和目标都需要慢慢地培养，不要太快地抓住它。因为这些都是需要谨慎对待的，甚至需要经过很长时间的思考才能真正形成，而非是一拍脑门就能够得出来的。如果你谨慎地对待梦想和目标，那么它们同样会以此态度来回馈于你，反之亦然。当你发现它继续增长或者再次出现的时候，你就跟着它一同前进，它会带你走一条不曾设想的路，达到你梦寐以求的目的地。

第三节　钱必须回到社会

在完成梦想的征途上，"贪念"绝对是第一个需要克服的隐形障碍。

控制欲望和杜绝贪婪

梦想是每个人进入社会接收到的最初的抽象的概念，但是梦想成功之后，一定是以金钱作为衡量标准的。在现实中，对金钱的崇拜和对财富的向往几乎是人所共有的特质，这并没有什么不好说出口的，也绝对不是庸俗不堪的。那些宣称自己淡泊名利、不爱金钱的人，大多是虚伪的。但是，必须划清金钱欲望和守财、贪婪的界限。

在13世纪，就有人列举出人类的七种恶行，分别是傲慢、妒忌、暴怒、懒惰、贪婪、贪食及色欲，这也就是现如今人们所称的"七宗罪"，这其中就一针见血地指出"贪婪"和欲望不同的是：贪婪往往会迷失人的本性，破坏人们的正常生活秩序。有很多人认为贪婪无外乎就是对于金钱、财富而言，这和欲望没什么本质的区别。实则不然，人都有欲望，但同时也有抑制欲望的理智，而贪婪却没有办法去抑制。面对金钱的诱惑的时候，贪婪往往让人变得愚蠢。

在巴菲特看来，贪欲太盛的人根本不适合从事投资工作，他说："当人们贪婪或受到惊吓的时候，他们时常会以愚蠢的价格买进或卖出股票。"巴菲特进一步说，炒股者最大的心理敌人就是"贪"！股民的大忌就是由一时贪念诱发的性格缺陷——犹豫和急躁。性格急躁的人做事冲动、喜欢快刀斩乱麻的决策方式，这在做其他事情的时候可能会被认为果断，但在投资股市上，可能会因盲目而出错；犹豫不决的人做事三思而后行，从不轻举妄动，这在做其他事情的时候，可能会被认为稳重，但在投资股市上，可能会错失良机。

巴菲特说："毫无疑问，赚钱是我们进入股市的唯一目的，这说明我们都'贪'，但是我们要'贪'得其所、'贪'得有道。如果胡贪乱贪，那么市场最终会对你毫不留情。有的投资者确实在此期间大捞了一把，但不懂得见好就收，最终又亏损了；还有些投资者的贪念随着盈利的增加而不断高涨，以致高位套牢，一无所获。"

当然，并不仅仅是在投资股票的时候要切忌贪婪，就广义上的生财致富而言，成功才是唯一目的，但是，阻碍你成功的最大敌人仍然是一个"贪"字。因为贪念太盛，有人总想着一夜致富，因而将事业视同赌博，急于下注，甚至不顾现实状况和投资风险而大量下注；因为贪念太盛，有人患得患失，犹豫不决，不敢前进也不敢后退，只好原地踏步，殊不知因此错过了多少良机。这些人的投资策略被贪念左右，不会用科学的态度和方法对市场进行缜密的分析。

所以，在完成梦想的征途上，"贪念"绝对是第一个需要克服的隐形障碍。很多人会问，有贪念是人之常情，第一次成功之后，人往往会陷入自我膨胀阶段，"贪念"也就随之而来。但是，如果贪念盛行，你的成功路上就会充满艰难险阻。许多有过"贪念"的人在追求成功的道路上载沉载浮、感慨良多——"当我们稍有收获的时候，就会发现原来世界如此美好，赚钱原来如此容易。所有的激情在这时候迸发出来，全身都充满了干劲。我们希望好的运势会继续下去，希望手里的钱能成倍增长。这时候不管是什么计划，我们都敢实施，不论多大的风险都敢去拼搏，因为有了一次成功已经让我们的自信心极度膨胀，认为市场上的风险对于我们都不足为惧。但是，变幻莫测的市场最是无情，一夜之间良好的走势会发生逆转，前功尽弃、血本无归，梦想中唾手可得的财富消逝无影。这时候，除了懊恼就是恐慌，我们的心中被悲观的情绪完全占据。"

以上写照符合很多在商场上打拼过的人，也正被更多的人经历着。成功并不是一蹴而就的，在成功面前，更需要谨慎再谨慎。为了不让情绪上产生如此大的落差，巴菲特给了我们三条忠告：一是不要把自己的目标神化；二是不要唯利是图；三是要量力而为。

别把目标神化

还有另一种情况，第一次成功之后，也有很多人开始鸣金收兵，在市场上，他们完全缺乏对市场的自信，认为自己第一次能够成功完全是靠着运气。所以他们不敢再贸然进入市场，接受考验，他们的梦想也就就此止步。相比于最后全盘皆输，他们宁可抱着刚刚获得的、或多或少的金钱，把它们储存到银行里，看着自己账户里的金额暗自窃喜。尽管每个人的生活态度和对待梦想的态度都不尽相同，但是把自己的金钱存放到银行，这是所有理财方式中最保守的一种方式，这样的人注定了不会成为真正的成功者。

换言之，过分贪婪和守财的人都无法获得真正的成功，那么，真正的成功者会如何对待呢？

要成功地克服贪念，真正做到不骄不躁、宠辱不惊，首先你得制定一个切实可行的奋斗目标。大凡有梦想的人，在实现自己梦想的开始就有目标。制定目标并不难，但关键是对目标的确定。确定一个目标并非是让人漫无目的地遐想，想象着自己今后能够如何成功。那个不叫目标，那叫白日梦。目标，就是确定你希望在什么领域有所建树，你的能力能够达到什么程度；预估你的目标达成后的状况；分析目标追求过程中可能遇到的困难。这三者相辅相成，缺一不可。一句话，衡量你的目标是否合理，是否"量身定制"，就如巴菲特忠告的那样：不要把自己的目标神化。

一旦你确定了目标，就要坚信自己一定能够完成它，哪怕在圆梦的途中会经历很多坎坷和挫折，但是目标就如同一盏指路明灯指引着你；或许你为了完成目标而多次更改自己的计划，也一定不要在变化中迷失初衷。当然，除了这些空话之外，还有很多实际的举动来帮助你：首先，你必须研究一下达到该目标所需要的时间、金钱和人力——因为这些都是你目标完成的成本，当成本过高的时候，你要做的并不是放弃，而是依照自己的能力来更改计划，才能做到万无一失；其次，是你的选择、途径和方法，只有经过检验，才能确定目标是否实现——这是你目标得以实现的硬性条件，也是必要条件。

你必须要让自己相信这个目标是可以达成的，才能开始行动。如果你在潜意识里否决了这个目标或者根本就是怀疑的态度，那就肯定不能成功。即便你只是想"试一试"，最终也会后悔不已。所以，最好还是把潜意识里认为可以做到的事情定成目标，并时时刻刻认同自己的目标，这样才能最终得偿所愿。

制定可行性的计划

当然，要成就事业，光有目标是不行的，目标最终要落实到具体的计划当中来。在这个时期，就更要谨慎对待，因为计划里的每一步都是至关重要的，甚至一个小小的失误就能导致满盘皆输。如果你确定自己的目标是合理可行的，就应该即时采取行动，制定更为详细的实施计划。在将欲望转化为梦想、将梦想实现为财富的过程中，"按计划行事"将能达到事半功倍的效果。反之，如果没有一套确实可行的计划，或是定下的目标好高骛远，就将事倍功半，甚至功败垂成。

巴菲特是一位职业投资家。这个职业的风险性比其他任何职业或行业都要高，而且责任更为重大，这关系到的并不仅仅是他一个人，还有成百上千依附他生存的员工。所以，任何一项投资行为——不管是自己投资，还是帮客户做投资顾问，他都非常谨慎地制定自己的计划。如果没有相当完备的计划，或者只是计划中有些微的疏漏，都可能造成灭顶之灾——所有投资一夜之间灰飞烟灭，合作关系分崩离析。

众所周知，巴菲特处事圆滑而不悖原则，决策果断而不乏耐心，并且他总是能够将投资的风险降低到极致，甚至是无风险投资。在整个投资行业，他已然成为一种神话——深谙投资规则、善于把握商机，对于时机几乎是一击即中，鲜有失败。要做到这一切，并不是一件容易的事情，巴菲特也并非有什么特异功能，他成功的唯一要诀就是在做任何一项投资之前，都要经过缜密地分析和精确地计划。

最初，有人提出过，华伦·巴菲特经常给人一种很草率的感觉，因为他经常要在几分钟之内就做出一个重大且关键性的决定——投资或者是取消投资，然而这几分钟之外，却是难以估算的不眠之夜。没有人能够轻易成功，即便是巴菲特也不例外。

1957年，华伦·巴菲特在刚刚开始经营合伙投资公司的时候，就给自己定下了目标——年收益率要超过道琼工业指数平均水准十个百分点。实际上，从1957年到1969年，在这13年时间里，他的合伙投资公司年收益率超过道琼工业指数平均水准足足有22个百分点。类似的成功在巴菲特的从业生涯中不胜枚举。他的骄人业绩证实了他非凡的计划水准和实施计划的能力，也改变了别人对巴菲特"草率"的印象。

巴菲特认为，定制具有可操作性的目标和制定具体的实施计划时，应该注意以下的一些问题：

不能制定太多的假设目标——在市场上，诱惑总是很多，但是太多的假设目标会分散人们的精力，况且，太多的假设目标很容易让人迷失真正的方向。

不能盲目夸大预期效果——能够精准地认识自己和自己的目标，才能成为好的舵手。

不能忽略竞争对手的能力——如果是在战场上，轻敌的下场往往是惨烈的，在商场中同样不要低估竞争对手的智商，因为那样只能让自己显得愚蠢。

不能过分看重经济效益——尽管很多事情最终衡量标准都是经济效益，但是不能因为金钱而迷失，要知道，在一场投资之中，有很多东西都比金钱重要，要将目光放得长远，才能走得更远。

不能纸上谈兵，要落实可行性——现实中，已经有很多空想家了，我们不要做他们其中的一员，任何计划没有可行性，都是废纸一张。

做好亏损的准备——任何事情，只有想到了最坏的结果，才能想出最正确的对策。

其中最后一点尤为重要，但是它常常被人们忽略掉。任何一个生财目标，肯定是以赚钱为原则，然而，很少有人去想，如果失败，我将要亏损多少？大凡投资，总是有亏有赚的，没有人能够当常胜将军，这就如同我国的那句老话——"风水轮流转"。如果你不做好亏损的准备，一旦出现亏损的状况，就会手足无措，病急乱投医，甚至越陷越深。

以开店经营为例——店一开张就要花钱是肯定的，装修费用、房租、货物成本、员工薪资、日常管理、耗材等积少成多，这绝对不是一笔小的开支。如果事先没有安排，不但经营费用捉襟见肘，就连日常的生活费用恐怕也会成问题。如果你计划开店时就做好了"亏损半年"的准备，即便真的亏损，也不会乱了方寸，万一亏损金额低于预算数字甚至还有盈利，那就更加应付自如了。

当然，这只是一个例子，但最终告诉我们的就是——不管你的目标是什么，一定先要做好最坏的打算——如果不幸的是，最坏的情况发生了，你要怎么办，你该如何应对。有了这样的心理准备，才能打好一场有准备的战役。

第四节　不要唯利是图

真正高明的商人绝不唯利是图，更不会使用那些卑鄙无耻的手段去牟取金钱。他们只会使交易的双方都得到公平的对待，这样才会让双方都获得满意的利益。

看到金钱的另一面

"股神"巴菲特之所以能够成为"股神",能够在动荡多变的证券市场长期屹立不倒,成为看似神话一样的存在,其实本身是有一定的内涵的,巴菲特的投资哲学就在于其认定"长期持有,一定会获利"。他一直认为,投资者只要购入具有增长潜力、股价偏低的股票,并长期持有,必会获得可观的回报。有很多人都在想,这有何难?可是如果你真的进入过股票市场,就知道能够如此淡定地对待并非易事。所以,凭借着这条独特的投资哲学,巴菲特既不理会市场上的风云变化,也不担心股价的短期波动,正可谓稳坐钓鱼台,长线钓大鱼。

1989年,美国发生股灾,众多只股票大跌,且短时间内都没有任何起色,这让很多股民都认为股市的末日到了,他们急得焦头烂额,纷纷抛掉手中的股票,想要借此止损。而巴菲特则在这时低价买入了大量的股票,其中最多的是"可口可乐"公司的股票。结果不言而喻,当危机过去,可口可乐公司的股价持续地、大幅度地上升时,眼光长远的巴菲特获得了多大的利润。

被誉为"经营之神"的松下幸之助曾经说过:"最好的方式是在眼前利益与长远利益之间取得协调,否则,宁愿放弃眼前利益。"松下的这一观点被另一位日本大亨藤田的事例佐证。

藤田有一个响亮的称号——"银座犹太",不难想象此称号的由来,因为他具有如同犹太人一样的经商天赋。1968年,藤田与美国石油公司签订了一份价值仅有2万美元的食具供应合同,但在生产的过程中出现了延误,直到距离合同规定的时限仅剩下3天的时间时,货物才准备齐全。

而当时的状况是，如果想要在3天之内让货物运抵美国，除了航空运输之外别无他法。在那个年代，租用一架飞机从东京飞往芝加哥，至少需要3万美元，可这笔生意带来的利润仅仅是1万美金，这绝对是一笔只赔不赚的买卖，或许很多人会采取终止合同，赔付少量的违约金这个方法，更美其名曰为"止损"。但是藤田并没有这样做，他更在乎的是自己公司的信誉，所以决定租用飞机，这笔生意明面上亏损了2万美金以及若干货物。可信誉永远是一个隐形财富，第二年，他就得到了十倍的订单。这笔损失让他赢得了合作伙伴的信任，为此换来的长远利益是无法用金钱来估量的。

世界闻名的韩国财阀郑周永也曾经有过和藤田类似的经历。那是发生在朝鲜战争期间，郑周永的现代集团刚刚在韩国的建设行业中崭露头角，好景不长，很快他们就经历了一场无情的打击。1953年，现代土建社承包了一座大桥的修建工程。这笔买卖看上去很不错，却因为大环境原因，险些让刚刚立足的现代以破产告终。战争年代一切都没有了法则，尤其是物价，在短短几个月的时间内，原材料的物价就被非法商贩抬了上去。成本上涨也就意味着利润的减少，开工不到两年，工程造堡局出的价格是签约时价格的七倍之多，按照此时的物价，这笔买卖也是必赔无疑，甚至连亏损的金额都高得惊人。

这个时候，许多人都劝郑周永停止施工，以免造成更大的损失。但郑周永却说："金钱损失事小，维护信誉事大。"因此，郑周永下达命令——为了保住现代土建社的信誉，宁可赔本，甚至破产，也要按时完成这项工程。郑周永说到做到，在大桥成功交付使用之后，他也因为巨大的损失濒临破产。市场永远是公平的，尽管在这个项目中他失去了大量的金钱，但是却树立了"重诚守信"的形象。在此之后，生意接踵而至，很快，他承建了当时韩国最大的几项工程。这些业务不但使现代土建社赚取了丰厚的利润，更使它一跃成为韩国建筑行业的霸主。试想一下，如果郑周永当时因为眼前的亏损而放弃修建大桥，之后这些"长远利益"还会有吗？

不要用金钱衡量一切

无论是郑周永，还是藤田，他们都因为长远目光，不计较眼前的利润亏损，从而树立了自己良好的口碑，所以他们成功了。但是，这对大多数商人来说，是很难做的。如今商场上的同行竞争无处不在，且程度十分惨烈。有的商人为了眼前的利益，短时间内领先对手，最喜欢采用的竞争手段就是降价促销。"薄利多销"是许多人信奉的经商守则，用他们的观点来说，因为价格低，所以利润就薄，但由于价格低，所以销售量会增加，总结起来，最后的总营业额也仍然会非常可观。可是，"薄利多销"也是有很大学问的。

让我们现在来看一看犹太人对这一种观点的看法吧。世界上最精明的商人群落犹太人非常反对"薄利多销"，他们认为以"薄利多销"作为经商的最高原则简直是愚蠢之至的做法，他们时常在公众场合用讥讽的口气反问对方："为什么不为了丰厚的利润而去促进销售量的增加呢？真是不可思议！"在犹太人的眼中，薄利就等于没有利，是不值得去追求的。它只是一个精明的陷阱，一旦自己跳进这个陷阱，只会让自己越陷越深，最后无法自拔。在现实生活中，我们也时常会看到，那些不断降价的商店，到最后都是在这种战争中败下阵来。

其实犹太人的生意经不难理解，赚钱是终极目的，但不是唯一目的。

在商场上有很多东西远远比"赚钱"更有价值，但这个道理却并不是每个商人都能理解。许多人因为太爱钱，赚钱时不讲商业道德、不重经济信誉，最终不但没有赚到钱，还落得臭名昭彰，被同行耻笑和排挤。"唯利是图"是成功者的大忌。唯利是图者往往眼光短浅，只能看到眼前的蝇头小利，而忽略了商机中潜在的更大利润。真正明智的商人是将长远利益置于眼前利益之上的。他们善于"放长线钓大鱼"，而很少甚至从不犯"捡了芝麻丢了西瓜"这样的低级错误。

当然，也有人说，商人就没有一个是不爱钱的，其实经商者追求利润本是非常自然的，商人都是靠自己的勤劳与努力来赚取金钱，这就像工人靠自己的劳动赚取工资，农民靠自己的劳动获得收成一样，他们都是靠自己的血汗与奋斗。如果经商者不把赚钱放在第一位，就等于我们认可勤劳、聪明与智慧是无任何价值的观点。但我们说的，是经商者在经商过程中不要放弃所有，只为了追求经济利益，尤其是不要放弃自己的底线而做出有损自己信誉的事情。

商业规则的核心是公平或契约式的平等，只有公平交易的原则下才有公平交易的事实。商业活动的本质是"信用"，这恰恰是当今这个开放社会的灵魂。真正高明的商人绝不唯利是图，更不会使用那些卑鄙无耻的手段去牟取金钱。他们只会使交易的双方都得到公平的对待，这样才会让双方都获得满意的利益。这才是真正抓住顾客，赢得市场的最佳手段。当然，我们也不否认，在现今的市场中，虽然有很多人都明白这个道理，但他们却不愿意这样做，因为他们觉得这样会让自己吃亏。正是由于他们一味地追求短暂利润，才会做出许多见利忘义的事情来。这种人也许会有一时的辉煌，但最终的结果却一定是得到背信弃义、见钱眼开的骂名。

第五节　赚钱就是一种游戏

我所要的并不是金钱。我觉得赚钱并看着它慢慢地增多是一件很有意思的事情。

——巴菲特

不要让金钱操纵了情绪

曾经有这样一句话盛行于网络——"有钱的人不一定快乐，但是没钱的人一定不快乐"，这也反映了当下很多人的价值观。然而在成功者看来，成功的人并不一定都快乐，但快乐的人多半容易成功。如果以快乐和成功两种标准来衡量正在商场上打拼的商人，我想大多数是既不成功也不快乐，因为有半数的人没有赚钱甚至亏损，他们不成功，自然不快乐；另外一半成功者中，又有部分因为身心疲惫、精神紧张而同样不快乐。

和这些人相比，巴菲特无疑是一位快乐的成功者。原因就是巴菲特看重的是财富累积的过程而非结果。他说："我所要的并不是金钱。我觉得赚钱并看着它慢慢地增多是一件很有意思的事情。"

在很多人心中，成功和快乐似乎并没有太直接的关联，又或者是肤浅地认为，成功了就一定能够快乐，但是成功和快乐的真正关系是：成功是手段，快乐是目的——成功了但不快乐，充其量只是片面的成功、缺失的成功；全面的成功既包括事业的成功，又包括健全的体魄、平和的心态、良好的人际关系等。

那么，什么样的成功者才会获得快乐呢？巴菲特说："实得的财富越小，希望的财富越大，人们就越不快乐；实得的财富越大，希望的财富越小，人们就快乐。"这就仿佛印证了中国的那句老话——"知足常乐"。

所以，要想成为一个快乐的成功者，必须从两方面着手——一是控制自己的贪欲，保持平和的心态，从而使期望值降低；二是认真学习研究，切实控制风险，抓住有利时机，从而使实值升高。如此双管齐下，你不但成功，而且快乐。

为此，你必须打破一夜致富的幻想，树立持续稳定增长的目标；必须克服盲从的羊群心理，建立独立冷静的思考习惯；必须少些怨天尤人，多点反躬自省；必须坚持谦虚谨慎，反对骄傲自满；必须遵守操作纪律，勇于知错就改；必须远离邪教歪理，亲近真知灼见；必须在生活中培养成功者所具备的习惯、素养和心态。

看淡金钱就快乐

巴菲特之所以成功，是因为他喜欢钱，喜欢赚钱；但巴菲特之所以能获得快乐，又是因为他看淡金钱。在巴菲特眼里，赚钱是一种他非常钟爱的游戏，而金钱只是这款游戏的副产品。

他曾经说过这样一个比喻：如果特德·威廉姆斯（美国当时最负盛名的棒球运动员，技术水准和收入都是同行业最高）的薪水最高，而比赛时只能把球打击到240英尺远，那他是不会感到快乐的；如果特德的薪水是最低的，但他却能打击到400英尺远，他一样会快乐。他认为自己工作时的感觉和特德·威廉姆斯击球时是一样的。由此可以看出巴菲特对待金钱和事业关系的态度。

有钱的富翁不计其数，但大多数都不快乐，他们对待金钱的方式就好比是现实生活中的葛朗台，他们嗜钱如命、冷酷无情，甚至每日提心吊胆，生怕别人将念头打到他们的银行户头上。这样的人在人际关系里，除了有钱，什么都没有——像这样的人，连一条狗都不愿意和他交朋友。而巴菲特，世界首富、投资大王、华尔街的上帝，却把金钱看成是事业的副产品。他不仅拥有成功的事业、天文数字般的巨额财富、响遍全球的声誉，而且拥有数不清的朋友和合作者、幸福的家庭、充满生活情趣的业余爱好以及乐观开朗的性格。

巴菲特的女儿谈到父亲时这样说："多年来，我一直不知道他在忙些什么。念书时，同学们问我，我就告诉他们，我父亲是一个证券分析家，而同学们则认为他是个检查警报系统的工程师。我父亲现在虽然很有钱，而且举世闻名。但在我看来，他和我小时候认识的父亲没什么两样。他会笑嘻嘻地问我，给《与狼共舞》这样的影片谱曲能赚多少钱。我告诉了他。他就会惊叹，那可是很多的钱啊！我想，正是父亲这种毫不做作的个性使他赢得了广泛的尊重。他是一个带着对别人的尊重而真诚的、安安静静做事的人。我父亲说钱并不重要，但我认为恰好相反。我不是说他热衷于金钱，而是指金钱证明了他是一个快乐的成功者。"

巴菲特的金钱观同样影响到了他对子女的态度，很多人都会想，他这样有钱，他的子女将来一定子承父业，继承他的遗产。但是巴菲特一直都告诫自己的子女们，不要期望在他身后获得巨额遗赠，因为他不想让他们坐享其成，更不想让他们毁于财富。所以，他的三个子女都很独立，在社会上自食其力，从不曾享受过富家子弟的奢侈生活。

不过对于父亲这样的做法，子女们却觉得很是轻松，当然，她们也有自己的苦恼，那就是周围的人总像是看待富豪一样看待他们，可实际上呢？他的女儿曾经开玩笑地说："如果我现在有 3000 美金的话，我就能付清我信用卡上的账单了。"

所以，我们很难想象，当巴菲特已经是亿万富翁的时候，谁也不会相信，他那刚刚当上妈妈的宝贝女儿卧床在家，只能看自己的小黑白电视。对于儿子也是如此，在多方的恳求下，巴菲特答应给儿子买一个农场，但同时声明：必须照合同规定每年按时交费，否则立刻回收。对自己，巴菲特也是一样，早在学生时代他就因为不修边幅而闻名校园。尤其是他那双一年四季都穿着的网球鞋甚至让人无法容忍。

如今的巴菲特，依然深居简出，身边连个助手也没有。在他自己的公司里，看不到我们想象中的满眼的电脑和电子屏幕。更没有雇用任何多余的人，甚至没有警卫、没有司机、没有顾问、没有律师等可有可无的人。

对待身边的人，巴菲特算是比较抠门的，但是他却非常热衷于公益事业，和很多作秀的富翁不同，即便是纯粹的公益事业，巴菲特也要求有相对的回报。出于对自己一生所从事的事业和所积累的财富的虔诚，他不容许任何挥霍和浪费。

相对其他富翁而言，巴菲特对待金钱的态度的确有点怪。他认为，相对于他给予社会的贡献，社会给他的回报要丰厚得多。因此他和妻子早已决定：在他们死后，将把所有的财产捐给社会。正如他所说的那样：赚钱是一种游戏，游戏结束时，乐趣已经获得，其他的便什么都不用留下了。

第六节　自己喜欢的是最具价值的

吸引我从事证券工作的原因之一，是它可以让我过上我想过的生活。我没有必要为成功而刻意打扮自己。

——巴菲特

做最勇敢的自己

巴菲特曾说过这样几段话：

"我与充满激情的人一起工作，我做我在生活中想做的事情。我为什么不能这样？如果我连自己想做的事都做不到，那真是活见鬼了！"

"吸引我从事证券工作的原因之一，是它可以让我过上我想过的生活。我没有必要为成功而刻意打扮自己。"

"我想象不出生活中还有什么我想要而得不到的东西。"

这就是巴菲特，为所欲为的巴菲特，快乐生活的巴菲特，充满了人格魅力的巴菲特。他的朋友都认为，巴菲特是一个想怎么生活就怎么生活的人，对于日常饮食也是一样，想吃什么就吃什么。这一点已经为世人所知。

巴菲特的确是这样一个人，这一点从他年轻的时候就未曾改变过。刚刚进入证券行业之后，巴菲特会为了自己最想做的事情而不顾一切地大干一场，以实现自我价值。对此，一位同样优秀的企业家曾经说过："巴菲特是我们这个时代的一个谜，一个充满魅力的谜。你越接近他，就越能发现他的不同凡响之处。但是如果你想准确地告诉别人他是某一种人，那你显然也被他迷惑了。"

巴菲特不是一个实业家，不像比尔·盖茨，不像松下幸之助，他只是一个证券经纪人，但他却是世界上数一数二的大富翁。他的过人之处究竟在哪里呢？秘诀就是：巴菲特只做自己最想做的事情。道理其实很简单：没有人愿意被强迫着接受某个观点或做某件事。

只做自己想做的事情

在现实生活中，年轻人完成学业之后，都缺少极为重要的一个环节——审视内心，制定一份完整的职业规划，在现实的压迫之下，他们匆匆忙忙地去找工作，以为只要争取到高薪水就可以了。然而，大部分人在踏入了工作岗位之后，才发现自己根本不喜欢这个工作，甚至是自己最讨厌的。带着这种厌烦的情绪，久而久之，工作就变成了他们人生中的包袱，不工作又没办法生存，他们只能年复一年、日复一日机械地工作下去，消磨掉自己所有的斗志。其实在找工作或是独立创业之初，我们一定得考虑好自己的兴趣或是特长，如果只是盲目地踏上工作之旅，等待你的，也许就是"后悔"二字了。

"我喜欢做什么？"

"我到底想要成为一个什么样的人？"

"我究竟要做什么样的工作呢？"

这些问题，一定要在你找工作或是独立创业之前先考虑好。冷静下来，认认真真地思考，确定自己以后的职业方向。什么是你喜欢的，什么是你擅长的，只有将自己的兴趣爱好或是特长与工作联系起来，才能让你真正地去喜欢你未来的工作，才能将你未来的工作作为你生活中的快乐源泉，而并不只是一种单纯的赚钱手段。

只有具备了良好的心态，才能让自己的精神与身体全部投注在工作中，才能创造激情，而工作也才能顺利进行。况且，人生只此一回，为什么不在这短暂的人生当中好好地选择一个自己喜欢的工作来做，使自己的人生价值充分地发挥出来呢？

做自己喜欢做的事，选自己想从事的职业，这才是你自己的人生。只有考虑完全地去选择自己的职业，才能让自己将精力集中，将自己的特长、兴趣淋漓尽致地在工作中发挥出来，为自己的人生填写美妙的一笔。

做自己最想做的事情。这其中的"最"，就是指最重大、最有意义、最激励人心、最有益处或者最能使你满足。那么，如何找到这些"之最"的存在呢？这就必须从你个人的价值观、人格及天性出发。

在这个世界上，每个人都受到各自生长环境的影响，因而形成了独特的人格及迈向成功的潜质。在人还没有进入社会之前，这些潜质尚未经历过磨炼，也不受别人思想左右，因而是你成功路上最大的原动力。如果社会是一个交响乐团，你不可能演奏所有的乐器。那么你要做的第一件事情就是：确定你最适合演奏什么乐器。换句话说，你的身边有很多事情可以去做，也需要人去做，而你只能选择自己最喜欢、最擅长的事情去做。只有这样，你才能以充沛的精力和饱满的激情投入到工作中。

当然，这种选择并不是唯一的，因为我们每个人在不同的环境里扮演着不同的社会角色，而不同的角色又承担着不同的社会义务。比如你是一个男人，同时又是孩子的父亲，也是妻子的丈夫、母亲的儿子等。你既要拓展商务，又要承担家务，不同的事务要求以不同的态度去对待，以不同的方式去处理。你是不是感到无所适从呢？其实，你只需要在处理事情时秉持自己的个性就可以以不变应万变了。

第七节　正确看待金钱与恋爱

根本没有上天，你用不着怨天尤人，因为只有你才是自己命运的主人。

金钱不是万能的

在人生之中，除了梦想和工作之外，还有一件让人奋不顾身的事情，那就是恋爱，可以说这同样是每个人的梦想，人们都希望拥有一段甜蜜的爱恋，所以除了财富，人们追求更多的就是恋爱。但在现如今，更多人都将恋爱和金钱画上了等号，其实两者之间还是有些许关联的。有时候，做生意就和谈恋爱一样，都是有技巧的。对于生意人来说，他们对金钱的追求大部分时候就如同对女人的追求一样，只要掌握了追求女人的要领，你对金钱的追逐也不会太困难，甚至只要你正确地运用它，金钱会自动地来到你的口袋里面。

会赚钱的人，就如同有魅力的男人，自然而然就会有许多女人向你靠拢。而不会赚钱的人，就如同那些没有魅力的男人，无论他们怎么追逐女人，即便将全部家产都倾注在这些女人身上，到最后都只是一个可怜的单身汉。而这一切，就看你是不是领会到了追女人的要领和技巧。

而赚钱，关键也在于你是不是掌握了赚钱的要领和技巧。

当然，要使女人主动向你靠近，你必须是一个有真本事的人，不管是在语言方面，还是在能力方面，你都必须有自己的本事，有过人的地

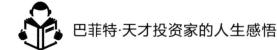

方才行。因此，要不断充实自己，锻炼自己的能力，金钱便会像女人一样，被你牢牢掌握到手中。

但要获得恋爱的幸福，你也必须以轻松积极的心态去面对它。也许你和你所爱的人之间还有一些差距，甚至格格不入，人们往往将这个阶段称之为"磨合期"。但如果你就此产生自卑的心理，不敢表达你的爱，不敢接近你爱的人，那么爱情对你来说，就犹如镜中花、水中月一样是个幻想。记住：积极追求才会有幸福！

赚钱如同恋爱一样，恋爱是人生的缩影。

以积极的态度去面对一切

每个人的人生都是绝版的，独一无二的，每个人的人生都会经历各种各样的坎坷，这是毋庸置疑的。但是如何确定自己的人生方向，如何打开自己人生的局面呢？首先一定要了解自己、战胜自己。想要做到这两点，必须靠积极的心态去生活，不能用消极的态度去面对现实。清晨，当你睁开眼睛时，你是否经常如此想着：生活是一件多么美妙的事情，今天是一个多么愉快的早晨，我从未感到过如此开心，我想今天一定会是美好的一天。但是每天清晨，又有多少人能做到这一点呢？

童年的时光永远都是快乐的，如果能够找回自己小时候吹口哨的心情，并且用这样的生活态度和心态去面对自己的人生，找回那种内心深处完全自然、毫不做作的乐趣，那样我们的人生会轻松许多，也不会轻易地迷失自我。其实，真正的乐趣并不是随处可得或流于表面的，而是一种发自内心的感觉。

当你觉得心情舒畅时，你会情不自禁地表现出快乐的神情，心中的幸福感也会油然而生。一位伟人说过："如果一个人认为自己是不快乐的，那他就永远不会快乐。"所以说，快乐是一种感觉，而决定你是否快乐的是一种心态。你的内心状况决定了你是快乐、积极，还是悲观、消极。因此，要让自己快乐，就必须认定自己生活得十分快乐。如果你的心中充满了愤懑、怨恨、自私或者其他灰色的想法，快乐将与你无缘。如果你不快乐，就必须先对你的思想来一次彻底地改造，改变你的精神生活，采用另外一种积极向上的心态去获得真正的、充实的人生乐趣。

人，或许生理有缺陷，或许境遇很艰难，这不足为惧，真正可怕的是心理上有缺陷，精神上没有阳光。有些人常常抱怨："上天待我不公，我天生残废（或者家庭贫穷），你叫我怎么办呢？"如果你认为自己"不幸"，那就请看看海伦·凯勒、爱迪生、贝多芬等人的成功经历吧。正所谓：不怕人穷，就怕志短；不怕身残，只要志坚！

根本没有上天，你用不着怨天尤人，因为只有你才是自己命运的主人。只有你才能把握自己的心态，而你的心态决定了你自己的未来。如果你的心态是贫穷的，那么你的将来也将一无所有；如果你的心态是富裕的，你梦想中的财富将如愿以偿！

第八节　赚钱也要有准备

成功不是必然的，不是仅仅因为你够努力就一定能够获得成功。

投资不等于一次风险极大的考试

每个人都参加过各式各样的考试，考试之前我们往往要做充分的准备，每次我们准备的内容往往很多，但考的题目只有那么一点点。而且考试的层次越高，考卷的题目越少。但是否因为这样就可以采取猜题背题的方法而侥幸过关呢？显然不行。这样做也许可以蒙混过关一两次，但长此以往就会吃大亏——因为你没有掌握到真正的知识，就不明白你正在做一道什么样的题目。

考试如此，投资赚钱也一样。好商机的发现需要进行大量的市场研究和比对，没有一次成功是例外的。当今世界，市场风云变幻莫测，新事物潮起潮落的频率加快，让投资者应接不暇，及时抽身而退保存胜利果实的难度越来越大。如何避免投资上的大起大落比以往更为重要。所以，巴菲特的投资哲学禁得起时间的考验，这正是他最大的价值所在，也是他最成功的地方。

"风险来自于你不知道自己正在做什么。"巴菲特如是说。

巴菲特掌管的贝克夏·哈斯维公司是一家以保险业占主体的多元化企业，投资组合中包括可口可乐、美国运通、吉列、迪士尼、华盛顿邮报等其他一些赫赫有名的企业。过去30多年中，贝克夏的股价从最初的12美元一路飙升，年均增长率达到27%，远远超过了丛局回报著称的标准普尔500股票指数。

在美国国力蒸蒸日上的宏观环境下，一个精明的美国老头以确保不失败为前提，为使资产增值，花大量的时间研究企业的素质，并亲自控制企业的重大决策，不去涉足那些经营情况变化快得自己都无法把握的企业，这就是我们所认识的巴菲特。

综观巴菲特的投资生涯，几十年中没有一年发生过亏损，年均收益高达 24％，这绝对算得上是投资行业内的一大奇迹。如果你在 1965 年投资 2 美元让巴菲特操作，到 2003 年，你可能会拥有 2100 美元。巴菲特何以能够如此神奇，那是因为他拥有正确独到的方法、良好的心理素质，更为重要的是，他在选股时的认真态度几乎无人能比。

据说巴菲特每天坚持阅读 10 份报表，这样一来，每年至少阅读 3600 份。但他每年投资的股票至多三只，其选股之谨慎由此可见。有人说，巴菲特对他所选股票企业素质的研究甚至超过该企业的持有者和经营者。正因为这样的投资态度，巴菲特真正知道"自己在做什么"，也就对"自己该怎么做"了若指掌，所以他的投资几乎没有风险可言。

富翁的成功准备

当然，几乎每个人都想成为像巴菲特那样的亿万富翁、那样的成功者，其中包括一些已认定目标，正在积极创业的年轻人。可是成功不是必然的，不是仅仅因为你够努力就一定能够获得成功，究竟哪些人可能致富并成为真正的富翁呢？美国专家在一份关于财富的调查报告中指出："美国富翁通常从商，他们可能以经营一家小工厂、连锁店或服务业起家；他们一直居住在同一个地方，且一直比他们的邻居富有；他们对爱情和结婚忠贞不二；他们有强迫性储蓄与投资习惯，靠自己的力量积累财富。"

他们通常过着有利于财富积累的生活方式，调查发现，他们有七种明显特质：

自愿降低消费水准——只有不甚在意自己的生活水平的人，才能不被物质所迷惑，保持创业时期的激情和奋斗精神；

善于将时间、金钱做高效率分配，以利于财产积累——时间和金钱的高效率分配让他们更容易获得成功；

相信财富稳定比炫耀地位更重要——能够充分认清什么最重要；

未接受父母资助——依赖家庭的人往往不会有太大的成功；

子女长大后能经济独立——正确的人生观、价值观的体现；

善于掌握市场契机——善于抓住机遇，懂得创造时机；

选对职业——事半功倍的必备条件。

这些都是亿万富翁们身上所具有的一些潜质和精神。从研究结果归纳出致富要靠辛勤工作、自律与牺牲。那些曾经一文不名的创业者之所以成为亿万富翁，无不得益于此。所谓秘诀，就在于此。

因此，要像他们一样成功，我们也同样需要如上的潜质和精神。那么，是什么力量促使这些创业者们终身都保持自律、辛勤工作的精神呢？是什么内在动力推动他们保持持续不断的努力及毅力呢？

学者们指出，这些力量来源于如下原因：

首先，是他们每一个人都有一种强烈的"致富意识"。这一点和我们在书中最初讲述的保持金钱欲望有着异曲同工之妙。这种意识、欲望使他们不断以致富的欲望来催促自己的头脑，驱使他们创造出一套获得财富的明确目标。他们始终相信："我是我的命运的主宰：我是我的灵魂的船长，我有能力控制我的思想，我能获得我想要的。"

其次，他们都有一个正确的观念。一般人的主要弱点就是头脑中充斥了太多的"不可能"。他们总是认为这些规则行不通，那些事情办不到，久而久之，他们就什么都做不好，更别说成功了。而那些成功的创业者，他们绝不会轻易让自己变成失败意识者，他们的头脑中充斥的观念是成功意识，每天想的都是如何能够达到自己的目标，通过什么手段改变现状。他们的头脑从不愿让贫穷、匮乏、悲惨、失败和挫折这些念头所占据。

再次，他们都有锲而不舍的精神。他们深知创业是充满失败和艰辛的，但他们绝不会因为别人说了"不"就停止。他们知道，人有时总是不免犯错，也就难免会发生过失，但被暂时的挫败所征服而轻易放弃才是最常见的失败原因之一。有超过 500 位最成功的人士说，在他们被失败压倒的地方，只要再跨出一步，便是他们的成功之处。所以在成功人士的心里，遇到问题所想的就是我要如何扛过去，扛过去了我就是成功者。可失败者永远都是在躲避了困难之后，沮丧地说如果当初我没有放弃，我将如何如何。这也是双方最大的差别。

最后，也是最为奇妙的一点。他们的创业智慧——无形的思想冲动，配合已知的原则，付诸行动，就会转变为物质的财富。

众所周知，安德鲁·卡内基正是靠这些精神与力量赢得了几亿美金的资产。卡内基开始的时候只是一名普通的钢铁厂工人。他出身贫寒，家境困难，可是正由于他强烈的"致富意识"和坚持不懈的努力，靠着自己的双手踏踏实实努力，最后才能成为一个成功者。

第2章

成功无诀窍——巴菲特谈成功

生活和事业中，人生是绚丽多彩的，虽说每个人都有选择的自由，但是不管何种人生，都会以个人努力程度的不同而决定得到回报的多少。坚持就是胜利，这似乎是众所周知而又简单不过的道理，然而当面对现实的时候，这个道理又最容易被人忘记。在通往失败的征途上，如果有道河，那这道河就是无奈的放弃；在通往胜利的征途上，如果有座桥，那这座桥就是不懈的努力。

第一节　人生就像滚雪球

过去的事情已然发生，没有办法去假设，也没有后悔药让我们去追悔莫及，而未来充满了不确定性，只有当前才是最难决策的时刻。

投资的基本法则

有很多投资人因为市场高位投资基金亏损而懊恼，也有很多人在为错过上轮牛市而后悔。在投资生活中，最常听到的就是"如果我当时怎样就好了"，似乎财富只差一步就唾手可得，而风险只需及时抽身便能规避。

其实，过去的事情已然发生，没有办法去假设，也没有后悔药让我们去追悔莫及，而未来充满了不确定性，只有当前才是最难决策的时刻。在充满诱惑的牛市或哀鸿遍野的熊市中，人们受到各种外界因素的强烈影响，难以控制自己的欲望或者克服内心的恐惧。任何一个股民都曾经经历过这一切，他们每天都在纠结于不同的经济专家对股市的预测，迟迟不敢做出决定，甚至产生了盲从心态。

可有趣的是，在市场出现沸点或者降至冰点的时候，正确的观点总是掌握在少数人手里。即使这些少数人是超级投资大师，在那一刻同样会不被理解，这也是所有人的通病，喜欢质疑。越是在这种时刻，他们越是宁可相信自己仅剩下并不明智的判断，也不愿意轻易相信旁人的观点。可就是这些少数人以自己内心的淡定和执着的投资理念，成为投资

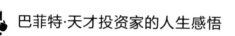

历史上的常青树。

1956年，"股神"巴菲特和四位亲戚、三位密友集资了10.5万美元，创办了巴菲特合伙公司，从此充分发挥滚雪球的游戏的作用，令财富愈滚愈大。而其财富的起点就是"滚雪球理论"。

巴菲特说："人生就像滚雪球，重要的是找到很湿的雪和很长的坡。"

巴菲特的独特滚雪球方式

在全球百年难遇的金融风暴中，华尔街金融精英纷纷迎风而倒，惨不忍睹，而"股神"巴菲特却频频出招，大玩滚雪球游戏，不仅震惊了整个金融行业，也奠定了他"股神"的地位。先是抄底华尔街，再向陷入困境的通用电气伸出橄榄枝，还将投资之手伸向风暴中的幸运儿——中国。每天，全球资本的目光都在疑惑中猜测，谁将成为下一个让巴菲特滚雪球游戏的幸运儿。在全球的金融动荡中，78岁的巴菲特头脑却仍然异常清醒，依然恪守着他屡试不爽的投资哲学："滚雪球理论。"

巴菲特以47亿美元的价格收购了星牌能源集团，收购价格是每股26.50美元，这一价格远低于当年1月每股107.97美元的历史最高价。据分析，巴菲特之所以能够闪电般收购，是因为该公司与当年受到重创的诸多大金融机构一样，依赖于低成本的短期市场融资，而这正好撞到了巴菲特的"树桩"上。

之后，华尔街五大投行中仅存的高盛，其证券的永久性优先股被巴菲特以50亿美元收购。巴菲特毫不掩饰自己对高盛的看好，他说："高盛是一家优秀的金融机构，拥有无可匹敌的全球业务、久经考验和经验丰富的管理团队、高级人才以及一流的金融资本，必将在今后的发展道路上继续保持领先的地位。"

当然，巴菲特对华尔街的兴趣绝不止于此，继抄底高盛之后不久，他在接受媒体采访时就透露，认为 AIG 的一些部门将在未来一到两年内出售，他对其中几个部门很感兴趣。

在这之后，巴菲特持有大量股份的富国银行宣布将以总价 151 亿美元的价格收购美联银行。在此之前，花旗集团曾宣布其已在联邦储蓄保险公司的协助下以 21.6 亿美元收购美联银行的银行业务。不过，花旗银行的收购计划曾得到美国政府的明确支持，所以富国银行的收购计划可能不会让"股神"巴菲特如愿。

面对美国本土以外市场的巨大诱惑，"股神"也表现出浓厚的兴趣。比如，他以每股 8 港元的价格认购了中国著名汽车企业比亚迪股份有限公司 2.25 亿股，约占比亚迪本次配售后 10% 的股份。

当前世界能源紧张，全球的汽车销售也成一大难题。鉴于这种情况，在未来开发新能源汽车成为必然趋势，所以比亚迪在国内率先推出了电动汽车。在这个关键时刻，巴菲特决定入股比亚迪，这显然是看中了新能源汽车已在中国市场的发展前途，因为在未来，只要掌握了成熟的新能源技术，就能在竞争中掌握制高点。时隔不久，巴菲特又以 30 亿美元收购了通用电气的永久性优先股。当然，这也不是无意义的行为，他看中了通用电气公司的著名品牌。在收购当天公布的一份声明中，巴菲特表示："通用电气公司是美国面向世界的标志性企业。数十年来，我一直是通用电气公司及其领导人的朋友和赞赏者。"

在几个月的时间里，巴菲特就像滚雪球一般，到处寻找适合投资的地方，使自己的资产不断地得到增强。这种能力也是巴菲特能够驰骋投资行业的一种资本。

根据巴菲特的多次论述，"滚雪球理论"的要点归纳如下：

首先，要找到"湿雪"。它是财富滚动过程中能够吸附在身边的、能够跟随增长的资金，也是"滚雪球理论"中最基础的条件。巴菲特在投资的过程中大量使用的就是此类的资金，如保险的浮存金，可以无息地自由支配；如零息贷款，可以适合长期投资；如长期持有伯克希尔股权的投资者，他们极低的换手率也在默默支持。这些"湿雪"是巴菲特成功的因素之一。

其次，要有很长的坡，让雪球有足够的时间滚大变强。气候变幻无常，弱小的雪球很容易在阳光风雨下削弱消亡，如何还能越滚越大呢？如果说足够的湿雪是充分条件，那么长坡就是必要条件。好的企业就是这样的通道，能够让财富在经过通道的过程中不断增值。怎样的通道才算是好呢？第一点，这条通道要足够长，如果在滚动的过程中发生了变化，要更换跑道，那绝对是件有风险的事情，更是一件麻烦事。第二点，跑道要尽量平稳，不要大起大落，路途太颠簸，谁也受不了。最终能滚出来的雪球不能多，否则频繁地撞车消耗，跑到终点的可能性就很小了。第三点，要有足够的耐心，等待雪球逐步滚大。也就是说，投资后，要有足够的时间等待最后的成功。

这些就是巴菲特"滚雪球理论"的精髓所在，的确也是值得现代的有识之士学习借鉴的。

第二节　明确自己的人生目标

和上帝相同的是，市场会帮助那些帮助他们自己的人。同上帝不同的是，市场从不原谅那些不知道自己在做什么的人。

——沃伦·巴菲特

明确自己要去奋斗的领域

制胜的投资一定是在你懂的领域，投资大师只投资于他懂的领域。失败的投资者没有认识到对自身行为的深刻理解是成功的一个根本性先决条件。他们很少认识到盈利机会存在于而且很有可能大量存在于他们自己的专长领域中。

几位经过市场验证的成功者都非常清晰地指出了，如果想要成功，我们必须非常清楚地知道自己的人生目标以及我们现在正在做的事情到底是什么。

20 岁的拉里身无分文地来到纽约，在华尔街找了一份工作。两年之后，他的投资利润已经达到了 5 万美元。又过了两年，他辞去了他的正式工作，开始全心为自己投资。然而，在数年之后，拉里已经拥有了数百万美元财产，并且擅长在有前途的生物科技创业企业中取得与创办人相当的股权地位。

很多人都会问，为什么偏偏是拉里成功了呢？他的成功秘诀

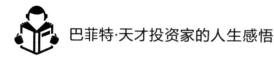

在于已经建立了自己的市场领地。从小，他对生物科学着迷，有强烈的潜在动机——想做一个长寿的人。他是《自然》和其他一些科学杂志的忠实读者。所以他就将自己的兴趣爱好和自己的奋斗领域联系起来，他的市场研究开始于科学而不是企业。他离不开生物科技。

正因为如此，当晚宴中有人向他提了一个有关投资的问题时，他滔滔不绝地解释起为什么说最大的利润都蕴涵在生物科技中。

每一个成功的人都有一片明确的领域。比如，很多人都能立刻说出约翰·麦肯罗、迈克尔·乔丹、贝比·鲁思和"老虎"伍兹以什么闻名，即便不是每个人都对体育运动感兴趣，更不见得所有人都看过他们在赛场上的精彩表现，但大家都熟悉他们。

同样，每一个成功的投资者都有他自己的领地。如果你已经在投资圈中待了哪怕很短的一段时间，你也可以将下面的每一个名字同某种特定的投资特长或投资风格联系在一起。

本杰明·格雷厄姆、沃伦·巴菲特、乔治·索罗斯、彼得·林奇、约翰·坦普尔顿、吉姆·罗杰斯、杰西·利弗莫尔，巴菲特和索罗斯等等……这样的投资"鲸鱼"只占据了一小片领地可能听起来有些奇怪。然而，在全世界所有上市企业组成的 23.1 万亿美元的"池塘"中，就算净资产达 7191 亿美元的伯克希尔·哈撒韦公司也只是一条中等大小的鱼。

不同种类的鲸鱼都生活在自己的特殊环境中，很少彼此越界。类似的，巴菲特和索罗斯也在投资世界中占据了自己的生态领地。而且，就像是鲸鱼的生态领地与它能吃的食物有关一样，投资者的市场领域也是由他是什么类型的投资决定的。

我想让我的价值翻一番

成功离不开专业化，这是一条基本法则，即便是在投资世界，也绝无例外。但令人遗憾的是，有很多投资者就是不肯相信这一点。例如，很多人都在想："我想知道怎样才能在接下来的 12 个月中把我的钱翻一番。"

其实，"投资很容易"这种想法是产生七种致命投资信念的基础。首先，如果你想进入投资行业，请先考虑一下有多少时间和精力，有多少耗费在了第一种致命投资信念上：预测是投资成功的关键。翻到日报的股市版，或者把电视调到金融节目，你立刻就会发现这些信息的基本主题是：市场接下来会怎样？就连大多数专业投资者都是第一种致命信念的囚徒。

人们用无数种方式试图将这种信念编纂成法典，他们希望图表研究或像相对强度、移动平均数和动量这样的指标能帮助他们预测市场的动向。像埃利奥特氏波和康德拉季耶夫长波这样的以市场存在某种规律性为前提假设的周期理论，据说能不费吹灰之力地确保利润。然而所有周期理论都有一个共同点：事前含糊，事后聪明。甚至还有人认为占星术是投资者投资成功的秘诀。

首先，我们要明确的是，几乎没有任何一个抽象概念会将你指向成功，投资上的成功也绝对不是靠求神问卜，更不是靠依赖他人的推测。这就好比是看多了养生节目，几乎每个专家都有自己独特的养生方式，但却不是适用于每一个人。那么，究竟该如何确定自己的投资方向和投资领域呢？

一、能力范围

每一个成功的投资者都会把自己的注意力集中在一小部分投资对象

上，他们擅长这些，也只擅长这些。这并不是偶然形成的。投资大师在发展自己的投资哲学的过程中，就已经决定了他懂什么类型的投资。同时在这个过程中，也划定了他的能力范围，只要不超出这个范围，他就拥有了一种能让他的表现超出市场总体表现的竞争优势。

这种竞争优势就是衡量一笔投资是否有理想的平均利润期望值的能力，如果在他的能力范围内，他们就会充分发挥自己的优势，然而，一旦超出范围，跨行到其他任何类型的投资，他的"衡量工具"就会立刻失效。一旦这样，他判断一笔投资是否可能盈利的能力就与普通投资者没什么两样了。

投资大师并没有刻意去占领某个特定的"生态"市场领地，这只是由他的能力范围自然决定的，对自己懂什么又不懂什么，他心中如明镜般清楚。这也是他能够成为大师的先决条件。用沃伦·巴菲特的话说："关于你的能力范围，最重要的事情不是这个范围有多么大，而是你划定的边界有多么合理。"

二、"懂"和"知识"

你可以把知识放进一个瓶子里或一本书里，像卖糖果一样把它卖掉。但对"懂"你做不到这一点。"懂"是知识和实践的结合出来的经验，这个经验是自身的，不是其他人的。经验仅得自于亲身行动，不会得自于阅读其他人写的东西，尽管这些东西能增加你的知识。

知识则是指事实的汇总——一个人的"信息范围"或"已知信息的总和"。但"懂"这个词意味着精通——使用信息并获得理想结果的能力。用自己的投资标准透镜观察投资世界，就会看到那些他真正懂得的投资对象。

第三节 没人会被自己的汗水淹死

那些有着更高胜任目标的人，总是愿意多付出一些。懂得付出的人，往往也比别人收获更多。

比别人多付出一点点

在国外，很多孩子在自己小时候都从事过一些社会允许的工作，比如巴菲特小时候就做过报童，并且靠着这份工作赚得了自己的第一桶金。尽管报童这份工作与巴菲特后来的投资业相比，是没有什么技术含量的简单工作，可恰恰就是这样的一份工作教会了他很多道理——人要学会思考，要懂得与人打交道，还有就是要勤奋，比别人多付出一点点，就会在一点点的付出中增加一点点的成功。

当时，巴菲特做报童每天要走 5 条线路递送 500 份报纸，主要是投送给公寓大楼内的住户，报纸有《华盛顿邮报》和《时代先驱者报》。他通常在早上 5：20 出发，坐上开往马萨诸塞大街的公共汽车。有几次，巴菲特病了，他的母亲不得不代替他去送报纸。

"取报纸、送报纸对他来讲真是太重要了。任何人都不敢碰他放钱的抽屉，一个硬币都不能动他的。"他的母亲说，"为了能够更好地利用时间从顾客那里收费，他发明了一个行之有效的出售杂志订阅的方案。他从被丢弃的杂志上撕下带有产品有效期的不干胶贴纸，把它们归类，然后在适当的时间请顾客从中选择要续订的刊物。"也许没有人会想到，就是这些薄薄的报纸，在半年内一共给巴菲特带来了 1000 多美元的收入。

其实，送报纸的过程让巴菲特收获良多，当时订报纸是采取"订了先送，到了月底再由送报的人收费"的方式，也就是说，这些钱都需要巴菲特来收取。所以那时候他挨家挨户收费，早上太早人家没起床，白天来收人家可能外出不在。所以巴菲特想了一个办法，到了收费那几天，就在前台放个信封，订户路过时可以顺便交费。

但那时候，正值第二次世界大战期间，所以公寓里的租客流动性很大。有几次订户钱没付人就搬走了，钱只能由送报的巴菲特垫付，这可让"爱财如命"的小家伙非常痛心。"不能再这样下去了，要不然挣来的钱岂不是全都赔光？"巴菲特决定自己想想办法阻止这种情况出现。谁最清楚哪些人将要搬走呢？巴菲特想到了，是开电梯的女服务生。于是他就给女服务生一些小费，一听说谁要搬走，女服务生就立刻通知他，他赶紧上门收费。

有一次，《休斯敦邮报》的女老板霍比夫人也欠了报费没交，巴菲特很生气：别人交得迟了可以理解，你我可是同行！你们家几代人都是做出版生意的，你自己就有一家报社，最清楚我们这些送报的风里来雨里去有多么辛苦了，最不应该欠我们这些小报童钱啊！

巴菲特采用各种方式催促她付费，打电话留言、托前台服务生传话、给她门口塞纸条，但是都没有用。于是第二天一大早 6 点，巴菲特就跑去敲开了她的房门，把收费的信封往她眼前一举，她只好乖乖付钱。

巴菲特当时还是一个十分害羞的小男孩，但谁要是欠了他的钱，再大的名人，他都会一点也不害羞地上门索要。"这是我该得的钱，一分也不能少。"巴菲特就是凭借这种态度出色地完成了自己的报童工作。

有一次在股东大会上，有人问巴菲特，小孩子要学习投资，最好从什么事干起？巴菲特建议："从送报纸开始，也许是一个好主意。"现在已经是新世纪，新时代可以通过多种手段获得资讯，但巴菲特是从他个人的经验说的，其背后的意义是告诉大家，努力做好每一件事，就会向成功迈进一小步。

在很多孩子还只知道玩耍的时候，同样年少的巴菲特就从事了很多种职业——销售饮料、杂货店小伙计、送报员、高尔夫球童以及股票推销员等，他甚至还开了两家公司专门从事二手弹子机出租和出售二手高尔夫球的生意，而且还用自己赚来的钱买了40英亩的土地成了小地主。

在他9岁的时候，巴菲特就开始摆摊卖饮料，而且从通过统计自动售货机里各种饮料的瓶盖数来推断哪种饮料更受欢迎，他的成功就是通过比普通的孩子多付出一些努力。这些不同种类的生意给巴菲特带来了不菲的收入，同时进一步坚定了他未来从商的信心。

这些经历让他极度信赖数字，所有的决策都依赖于数字的推断。中学时期，他在商业和投资领域的天赋已经被人们广泛关注。在毕业纪念册上，老师和同学们给他的评语是"喜欢数学，是一个未来的股票经纪人"。

付出越多收获越多

那些有着更高胜任目标的人，总是愿意多付出一些。懂得付出的人，往往也比别人收获更多。

一位哲学家的学生问他关于南非树蛙的问题，哲学家并没有直接回复，反而说："你可能不知道南非树蛙的事，但如果你想知道，你可以每天花 5 分钟的时间来查阅资料。这样，只要你持续不断地每天花 5 分钟的时间查阅相关资料，5 年内你就会成为最懂南非树蛙的人，成为这个领域中的权威。到时候有人就会邀请你，听你对南非树蛙的讲解。"

"成功者"与"失败者"究竟有多大差距？有人会说，成功者就好像是站在金字塔的顶端，而失败者则是底端。但是，这两者之间并没有大家想象中的那样有一道巨大的鸿沟。成功者与失败者的差距体现在一些小事情上：每天比他人多做一点点、每天花 5 分钟的时间查阅资料、多打一个电话、在适当的时候多一个表示、多做一些研究……就是这些点滴决定了一个人是不是能够成功。如果你不相信，不妨看看你身边的同事、同学、朋友，你就会发现，做得好的往往是懂得付出、愿意付出的人。

其实，我们都是平凡的人，人与人之间的差距并不大。尽管现如今很多做父母的为了不让孩子输在起跑线上做出了各种各样的努力，但真正进入社会的时候，大家还是在同一起跑线上起跑。跑在前面的人，仅仅是因为他们愿意每天都多付出一点点，一天、两天、一个月、两个月……每天做的事情反映出来的差距或许不大，但一年 365 天，天天如此，到最后的差距就很大了。

只要你每天多做一点点，每一天都是一个阶梯、一个进步。保持多付出一点点的心态、坚持多付出一点点的精神、养成多付出一点点的习惯，每天能让自己进步一点点，它最终必然会结出丰硕的成果，并给你以加倍的回报。只要付出努力，总会有所收获，巴菲特成功的秘诀就是努力努力再努力。

每天付出一点，积少成多的事情在中国古代也数不胜数，纵观他们取得的成绩，无不与努力有关。晋朝的车胤、孙康、匡衡，家里都很穷，连点灯的油都买不起。夏天的晚上，车胤用纱布做成一个小口袋，捉一些萤火虫装进去，借着萤火虫发出的光亮看书；孙康在严寒的冬夜坐在雪地里，利用白雪的反光苦读；匡衡在墙上凿了个小洞，偷邻居家的一点灯光读书。成语"囊萤映雪"和"凿壁偷光"讲的就是这几个故事。

东晋大书法家王羲之自幼苦练书法。他每次写完字，都到自家门前的池塘里洗毛笔，时间长了，一池清水变成了一池墨水。后来，人们为了纪念王羲之，就把这个池塘称为"墨池"。王羲之通过苦练，终于成为著名的书法家，被人们称为"书圣"。

明朝著名散文家、学者宋濂自幼好学，遇到不明白的地方总要刨根问底。有一次，宋濂为了搞清楚一个问题，冒雪行走数十里，去请教已经不收学生的梦吉老师，而书童却推说梦吉老师不在家。宋濂知道"精诚所至，金石为开"的道理，梦吉老师并非是不在家，而是不愿意接待他，可他并不气馁，几天后再次拜访老师。因为天冷，宋濂和同伴都被冻得够呛，宋濂的脚趾都被冻伤了，老师还是没有出来见他们。当宋濂第三次独自拜访的时候，掉入了雪坑中，幸被人救起。当宋濂几乎晕倒在老师家门口的时候，老师终于被他的诚心所感动，耐心解答了宋濂的问题，而宋濂也最终成为闻名遐迩的散文家。

古往今来，能够成功的人，都是肯在细微之处比别人多付出的人，正是这 99% 的努力造就了他们的成功。所以，从每天做起，从点滴做起，就有可能达到成功。

第四节　形成独特的个性

如果一个公司组合的总盈利在多年以内持续上涨，那么它们投资组合的市值也会同样持续上扬。

——巴菲特

炒股想要赚钱，其实就一招，一定要形成自己独特的投资个性。

在投资的时候，需要讲究策略与方法。高明的策略会让投资者以最安全的选择获取最大的收益；高超的方法会让投资者以最简单有效的途径达到最理想的状态，从而达到自己的目标。巴菲特的独到的投资方法有很多，其中最重要的一条是遵循神奇的"15％法则"。

巴菲特在投资的时候绝对是非常冷静、非常理性的，他不会相信资产会无缘无故地无限增长。从 20 世纪 70 年代起，每年他都要亲自撰写和发表"致股东函"，每隔两三年，他都会非常诚恳地向股东说明："任何公司的股票，动辄 20％到 30％的增长，都是不可能长期维持下去的。"巴菲特这样说："我们还面临另一项挑战——在有限的世界里，任何高成长的事物终将自我毁灭。若是成长的基础相对较小，则这项定律偶尔会被暂时打破，但是当基础膨胀到一定程度时，好戏就会结束，高成长终有一天会被自己所束缚。"

毫无疑问，巴菲特想要阐述的就是：如果投资人以正确的价格来购买正确的股票，获得 15％的年收益率是可能的，但是反过来，投资人购买了业绩很好的股票却获得较差的收益也是可能的，因为选择了错误的价位。同样，只要价格合理正确，无论是绩优股还是绩劣股，都可以使投资人得到超常的收益。

大多数投资者没有意识到价格与收益是相关联的——价格越高，潜在的收益率就越低，反之亦然。为了确定一只股票能否给投资者带来15％的收益率，投资者要尽可能地来估计这只股票在未来 10 年的走向，它将在何处交易，并且在测算它的盈利增长率和平均市盈率的基础上，与现在的价格进行比较。如果将来的价格加上可预期的红利，不能实现15％的年收益率，那就要考虑是否放弃它。这也是巴菲特驰骋股市的一个决胜砝码。

"要想使格雷厄姆的投资策略继续奏效，就必须有人扮演市场流通者的角色。如果市场上没有人扮演流通者，就必须有其他的投资人乐于购买你公司的股票，如此才会使股票的价格上涨。"沃伦·巴菲特如是说。

巴菲特另辟蹊径

巴菲特的成功不仅仅在于他能够准确地把握投资机会，也和他那与众不同的投资思维习惯有着密切的关联。在股票投资界，凡是巴菲特看好的行情，由于看起来有违常理、不合常规，因此往往会令伯克希尔公司的其他股东或者同行业者都不敢相信，甚至会产生"巴菲特怎么会看好这个"的疑问。但是，巴菲特屡屡成功的事实似乎在向人们证明——巴菲特独具慧眼、另辟蹊径的投资策略是有他的道理的。

其实，这没什么好质疑和奇怪的，因为巴菲特明白，在股票投资上，最忌讳的就是跟着传统思维走，那样只能代表投资人在从事股票投资，而能不能获得成功，就只有看上帝是不是给他运气了。在股票交易之中，由于传统思维经过几十年的沿用，很多人都会采用这种思维来判定，这样一来，成功就增加了难度。再加上传统思维与现实的经济环境、当前企业的经营模式等有脱节，它不能够准确地把握当下经济状况的命脉。所以，如果股票投资者想在股票投资上获得成功，突破传统思维定式是非常有必要的。

巴菲特的恩师格雷厄姆当时是金融界的泰斗，在相当长的一段时间里，格雷厄姆的投资理论主导了巴菲特的投资原则。对于股票投资，格雷厄姆最讲究的就是"安全边界"，他认为，"应该以比企业实质价值更低的价格购买股票，这样才能够赚钱"。换言之，只有购买廉价股票才能赚钱。这个理论在当时影响了很多股票投资者，甚至成为他们一定会遵循的法则，大家都按照他的指导方向投资。但是巴菲特则不然，他不按常理出牌，独辟蹊径，常常做出惊人之举，并收获了人们意想不到的成功。

巴菲特曾经有一个惊人之举——投资专门从事殡葬业的国际服务公司，这个举动引起了很多人的非议，甚至包括伯克希尔公司的大多数股东们，他们纷纷表示不理解巴菲特为什么会投资殡葬业这一领域。为此，巴菲特向股东们解释说："目前的殡仪馆很少，这家企业现在是该领域里的龙头。另外，死人是永远不可避免的事情，人死后总需要安置，这正是该公司最大的优点——它有广阔的市场前景。"的确，很多人都不甚重视殡葬业的发展，甚至对这个领域中的空白视而不见，巴菲特就是抓住了这个空白，并且看中了这个领域的巨大利润空间。这番解释打消了股东们的疑虑，也获得了巨大的成功。

而巴菲特对国际服务公司也投入了相当大的资金，购买了很多股票。在此之后，他就针对企业的经营管理模式提出了一些改革措施，使得国际服务公司的知名度大大提高。在投资国际服务公司的时候，巴菲特就提议开始"提前消费",也就是任何人都可以为自己提前支付死后的"殡仪费用"。这项服务引起好多人的关注,因为这给人们带来了很大的方便。这些举措都让他投资的国际服务公司名声大噪,当然,巴菲特自己也得到了丰厚的回报。

通过以上事实我们不难看出,巴菲特通过另辟蹊径的方法获得了很大的投资利润,而这些利润的根本在于不走寻常路,如果按照一般人的思维,殡葬业带着"不祥"的预兆,而且这并非是一项投资,而是简单的服务,所以他们不愿意花费大量资金投资。但是巴菲特却从另外一个角度看待问题,这个项目不仅仅是利润空间大,而且受众非常广泛,毕竟每个人、每个家庭都需要经历生老病死等人生环节,也就注定了他们必然要成为殡葬业的消费者,所以巴菲特投资这个领域,并且获得了高额的利润。

所以,投资者的亏损,很多情况下是因为自己太按常理出牌、太墨守成规,但我们面对的不是一成不变、有规律可循的普通市场,而是常常出现反走势的股票市场。所以巴菲特的逆向投资思维习惯正是顺应了股票市场的这种特性。这一点绝对值得国内炒股的投资者好好学习。

逆向思维,反其道而行之

或许很多人都会问,什么叫作反思维投资,举这样一个例子,在进入投资行业之初,大部分的投资人都是在获得周遭亲友一致认同的情况下才开始投资,但是炒股高手正好相反,他们总是在知道大部分的亲友都担心、谨慎的时候才开始考虑投资。反向策略者相信当大众对未来的看法趋于一致时,反转的力量会很大。

"反向投资策略"为何如此有效？这是很多人都搞不懂的问题，其实道理很简单，如果市场中大多数人都看好价格会继续上涨的股票，此时进场投资的人以及资金早已因为一致看好而大量买进，所以就导致了价格通常因大量买超而产生超涨的景象。反之，很多人不看好的股票才能有更大的上升空间，而且也没有被抬高的"假象"，这才是一只股票真实的价格和价值。巴菲特就深知"人弃我取，人舍我予"这个道理，所以常常能买到被低估的股票并长期持有，等别人用天价向他购买时，才决定抛出，从中获得巨大的差额利润。

　　因为逆向操作的缘故，所以当股市做空时，正是巴菲特的进场时机。只要深知公司的品质良好，就可以预期未来将有反弹。当大部分的投资人因为股市萧条而勒紧现金时，往往会出现最佳的买点。这就好比我们看到的抛物线，投资股票也是同样的道理。

　　所以，我们要学习巴菲特这种投资上的逆向思维，在他的投资生涯中，一直避免让股市牵着鼻子走，这样不仅仅能够杜绝被牢牢套死的危机，也能够为自己留下更多的上升空间。而股票市场的多数投资者和基金经理缺少的就是这种长远目标，他们的确思维敏捷，但却热衷于股市的短线操作，所以时常陷入困境。其实股市并不是一平如水的，稍起波澜那都是正常现象，这是因为经济状况波动不定所导致。只要公司的长期业绩相对平稳，股民大可不必关注这种经济波动现象。

　　当然，虽然经济状况并不重要，但关注通货膨胀很有必要，因为通货膨胀会降低公司的赢利。投资者应该留意公司应对通货膨胀的能力。逆向操作意蕴深远，不能单从字面理解。举例来说，人们总是幻想着能够快速致富，所以在利多的时候买进，在利空的时候卖出。这样的群众心理已经违背了投资的本意，而只在乎数字的涨跌，所以常常会错估股票的真实价值。

在别人后退时奋力前进

"未来永远是未知的，对于能力有限的人来说，试图去对市场做出预测是不明智的，因为你永远也不会找到答案。"——沃伦·巴菲特。

绝大多数的投资者都有患得患失的心理，这种患得患失自然是和他们的盈亏有着密切关系。变化多端本身就是股票市场所固有的特性，动荡起伏更是股票市场的常态，相信有很多股民都曾经因此而吃过苦头。但是，这样的变化在巴菲特看来是极为正常的。

很多投资者都对股票市场的这一特点难以领悟，甚至常常忽略掉它的变化。他们永远把当前股价走势作为自己是否进行买卖的唯一准则，所以在股票市场上常常会发生这样的情况——当股价下跌时，他们会显得急躁不安，将手里的股票匆匆忙忙地抛出以求得自身的安全；而当股价上涨时，他们就会幻想着自己可以大赚一笔，再进入疯狂抢购的状态，如此循环往复。其实，他们不曾想过就在他们将股票抛出之后，很可能会出现股价的回涨，他们会因此亏损多少；他们也不曾想到就在他们疯狂抢购时，也很可能是风险到来之时。这两种状态对投资者来说都是有百害而无一利的。

由此可见，做投资一定要有自己的个性和眼光，在别人后退的时候你能发现奋力一搏的契机，这样才不会随波逐流，从而创造出属于自己的天地。

第五节　行动之前先思考

如果没有什么值得做，就什么也别做。

——巴菲特

让思考支配自己的行动

在前文中我们提到，股市之中的波动是最正常不过的现象，可是股民却常常是不理性的。所以，在投资决策的过程中，很多人就会受到各种外界环境和心理因素的影响，从而犯一些"低级错误"。那么如何能够在股市中寻求不败之地呢？其实这并没有什么诀窍，也没有谁能成为真正的预言家，预料到今后事态的发展。但是成功者往往能做到，在纷繁复杂、瞬息万变的市场环境中，始终保持冷静的头脑，在投资之前一定要经过周密的思考，谨慎做出决定，以确保用最小的代价获得最大的利益，这也是众多投资家屡战屡胜的诀窍。

所以，很多投资者在投资之前，一定要做到"三思而后行"。如果轻率地做出决定，又或者是"跟着感觉走"，那么，他们在投资中遭受惨败的厄运就不足为奇了。巴菲特常常说："如果没有什么值得做，就什么也别做。"这句话就是告诫人们在投资的时候一定要谨慎思考。凡事三思而后行的投资者，遇事能够保持冷静的头脑，在面对复杂情况的时候，才能冷静客观地分析当前的状况，经过深思熟虑以后才开始行动，而不是贸然行事。因此，这样的投资者最终都能做出比较完美的决策。

在 1963 年的下半年，美国运通公司因为一次商业上的失误而损失了数十亿美元，这笔数字对于任何一家公司都是致命的打击，所以导致其公司的股票价格由原来的每股 65 美元下跌到每股 35 美元。看到这样的消息之后，很多股民都认为美国运通公司遭受了这样巨额的损失，他们已经没有"回天之力"了，破产的危机迫在眉睫。但是，巴菲特通过对当时运通公司各方面情况的分析后得出结论——尽管运通公司遭受了巨大的危机，但是这并不是不可化解的，这家公司的其他业务，如信用卡、旅行支票业务都足以让它渡过这次的危机。

有人会问，巴菲特为何这样说，巴菲特并不是什么神人，他只是在平时很注意关注其他人的点滴生活，观察细节，他注意到商人们仍旧在接受运通公司的信用卡；在商场和餐馆中，人们仍在用运通公司的信用卡和支票。所以他下了结论，美国运通的"势力"仍然是很强大的。通过这些考察之后，巴菲特买下了这只遭受重创的股票。当然，事实证明巴菲特的决定是正确的，在接下来的两年中，美国运通的股价上涨了 3 倍，巴菲特因此净赚了 2000 万美元。

巴菲特正是通过自己缜密的分析和思考，做出了购买这只股票的明智决定，才使自己获得了不小的利润。

任何领域都要三思而后行

"做事三思而后行"其实不仅仅适用于投资、股票市场，在其他领域也能够让人成长，比如那些做事习惯于三思而后行的人，在工作和人际交往中也都能做到遇事冷静，即使面对棘手的问题，往往也能通过客观全面的思考和分析对事情做出比较正确的处理。

说到这里，我们不说巴菲特，说一说他的儿子霍华德。在前文中我们也说过，巴菲特并不打算把自己的大部分财产当作遗产留给自己的子女，所以他的子女在事业上都是依靠自己拼搏，而在此之前，巴菲特曾经非常严肃地告诫过霍华德——"做事一定要三思而后行！"在霍华德长大之后，他决定涉足政界成为一名共和党人，众所周知，在政治领域中需要注意的问题要比他的父亲更加复杂，他肩上背负的责任会也更重。霍华德听从了父亲的告诫，所以他时刻关注经济、治安、民生等方面的问题，牢记自己的职责，时刻注意自己的形象。巴菲特对儿子说："一个人要用一生的时间来建立自己的名誉，但是要想毁灭它，则只需 5 分钟就够了。因此，无论做什么事情，都应该三思而后行。"也正是依靠着这个告诫，霍华德很快便在政界立足，并且大有发展潜力。

不管遇到任何事情，作为一个思想成熟的人来说，首先要冷静地思考，不要盲目行事，如果没有周密的计划或者合理解决问题的方法，最好的做法就是"按兵不动"，因为人往往容易在冲动之下做出错误的判断，甚至有些错误是永远都无法弥补的。所以，永远不要仅凭一时的热情去做任何事情，切忌急功近利，莽撞行事。

思考永远是行动的先锋。在商场和投资业中，投资者需要有野心，但是更需要有理性。当事业蒸蒸日上的时候，要能够做到保守稳重、处进思退；当事业陷入危机的时候，也应该时刻保持冷静思考的能力，积极进取。这样才能应变各种复杂的投资环境，并且将自己的事业越做越大。

谁会成为股神巴菲特的接班人？这是一个众人猜测了多年都悬疑未决的迷局，在现如今似乎有了新的突破口。因为巴菲特说，如果他发生了什么意外事情，他的儿子霍华德将代替他担任伯克希尔·哈撒韦公司主席这一职务。作为巴菲特家族指定的衣钵传人，霍华德的言谈举止、为人处世备受父亲重视。

在几个子女之中，巴菲特之所以选择了霍华德，也是有着自己的考虑的，他认为，既然霍华德跟政治沾上了边，那么他的所作所为就要更加谨慎一些。在行事之前一定要深思熟虑，做出合理的安排，而不能莽撞行事。毕竟政治需要顾忌多方面的东西，比如当地的经济情况、治安情况、选民生存状况等，这些都是他作为共和党人要关注的事情。否则，他就不配称为一名共和党人了。巴菲特希望霍华德要做就做到最好，因为这是他自己选择的，他要为自己负责。

那么怎么能更好地处理这些事情，让自己所做的事情看起来既合乎身份又符合投资行业的规则呢？巴菲特对儿子说："在行动之前，先思考一下吧！"

思考是没有任何坏处的。任何行动在进行之前，先进行前期的、充分的准备和分析，对完成目标、达到目的都是非常有利的。千万别小看这样的思考，多数的成功人士，他们从来不会盲目行事，因为没有周密的计划，就没有合理的安排，他们不会仅凭一时的热情去做任何事。因为这样做的后果对他们来说是很明了的，那就是一种失败。

无论是在生活中，还是在投资中，无论面对什么样的环境，都应该保持冷静的头脑，遇事三思而后行，切忌盲目行事、跟着感觉走。

在巴菲特看来，他之所以取得一些成就，很大程度上是因为勤于思考、先行思考，这也是他对他这一生的投资成功的规律和总结。在霍华德年轻的时候，他刚刚决定开一个农场，巴菲特就告诉他，一定要先行思考、勤于思考，霍华德听完之后，就开始不断捕捉市场信息、思考总结，生意做得越来越好。

当然，巴菲特也认为任何观点都是要辩证来看待的。思考也应该有个度，也要有个正确的方向，有很多人的确每天都在思考，但是他们的思考却是杞人忧天，这就不是正确的思考方向。

巴菲特有一个在证券行业里的偶像，这就是他的导师本杰明·格雷厄姆，虽然他崇拜格雷厄姆，但决不盲从于他。就像他所投资的第一个证券股票 GEICO 一样，当时这只股票并不被人看好，但格雷厄姆就是这家公司的财政主席。所以在购买 GEICO 这只股票之前，巴菲特用了很长时间来思考他这个即将要做出的决定。他在思考的时候有一个习惯，就是把任何即将出现的状况都一一列在纸上，然后运用所学到的知识来寻找每种状况可能导致的最好结果和最坏结果。在做完这些事情以后，巴菲特终于决定购买 GEICO 这只证券股票。

事实证明，巴菲特的决定是对的，他成功了。他第一次在证券领域的投资成了今天许多人的谈资。有很多人会以为，巴菲特购买这只股票是因为他导师的关系，但实际上，巴菲特绝对不会因为这种关系而改变自己的决定。人们只看到他的辉煌，却不会想到在做这个决定之前，巴菲特是付出了多少努力来思考、来证明他将要做的决定是正确的。

也正是有了多次的实践经验，巴菲特知道，在行动之前做周密的思考是必需而且必要的。当霍华德在自己的人生路上越走越宽的时候，他真诚地忠告儿子："一定要在行事之前学会思考。这是在今后路途上会给你带来更多收获的前提。"

第 **3** 章

独木不成林——巴菲特谈交际

独木不成林，在今天这个竞争激烈的社会，要想立足，必然要做出成绩，而个人的力量是单薄的，一个人无论如何努力，也终究是势单力薄。竞争面前，合作是必不可少的，正如萧伯纳所说："你有一个苹果，我有一个苹果，我们互相交换，彼此只有一个苹果；但如果你有一种思想，我有一种思想，我们互相交换，彼此便拥有两种不同的思想。"这就是合作与分享的意义。

第一节 朋友是一生的财富

我认为我是幸运的，因为我有很多亲密的朋友，每年定期见面。当你有交心的朋友时，你绝对不会感到不快乐。

——巴菲特

朋友多了路好走

爱因斯坦曾经说过："世间最美好的东西，莫过于有几个头脑和心地都很正直的真正的朋友。"

所以，在茫茫人海中能够遇到与自己相互了解、相互支持、相互鼓励的真心朋友，是一个人一生中最幸福的事情之一了。朋友可以分为很多种，有的人注定了只能和你把酒言欢，成为饭桌上、酒席上的酒肉朋友；有的人却能在你困难的时候伸出援手，雪中送炭；也有的人会在你人生出现迷茫的时候成为你的良师益友，为你指点迷津。所以，朋友之间的情分最为可贵。一个没有朋友的人是可悲的，就像拉法特所说的那样："没有朋友也没有敌人的人，就是凡夫俗子。"

孔子曰："三人行，必有我师焉。"朋友可以帮助我们进步，他们的智慧、知识、能力等方面的长处可以成为促使我们前进的力量和源泉，让我们终身受益，甚至能够在我们人生转折点成为我们的指路明灯。因为"单独的一个人可能灭亡的地方，两个人在一起可能得救"。

巴菲特曾经在一次访谈中说道："我认为我是幸运的，因为我有很多亲密的朋友，每年定期见面。当你有交心的朋友时，你绝对不会感到不快乐。"巴菲特也经常教育自己的孩子，要尊重朋友、善待朋友，因为深谙投资之道的巴菲特知道——财富不是一生的朋友，但朋友却是一生的财富。而巴菲特一生的经历也印证了这句话。

在巴菲特的身边，有一个不为人熟知却给了他巨大帮助的朋友——查理·芒格。他是伯克希尔公司的董事会副主席，经常和巴菲特一同出席公共场合。在这种公共场合之下，善谈的巴菲特常常像是打开了话匣子，一个人在高谈阔论，而芒格则在一旁沉默不语，以至于很多人都对站在巴菲特身边的这个沉默寡言的男人不太熟悉。实际上，在巴菲特创造的许多经典的投资案例中，有相当大的一部分的功劳是属于芒格的。正如巴菲特的长子霍德华评价芒格时说："我爸爸是我所知道的，世界上第二聪明的人，你肯定会问我第一聪明的人是谁？查理·芒格。"

查理·芒格和巴菲特最初的合作可以追溯到 1975 年，从那时候开始，芒格的投资理念和智慧就一直影响着巴菲特以后的投资之路。

起初，巴菲特在投资领域中一直都信奉最好的赚钱办法是投资"廉价股"，这一点和大多数投资家的想法没什么不同，当然这种投资方式在他创业期间也收到了很好的效果，比如巴菲特在低价收购美国运通和华盛顿邮报等公司的交易中获得了很大的利润。但是就在巴菲特获得巨大利润之后，芒格就指出，随着经济的发展，投资市场上的"廉价股"会越来越少，因此，这种依靠着收购廉价股的投资方式并不是万能的。如果一家公司的赢利足够好的话，即使它的股价高一些，也是值得我们购买的，因为它有足够的盈利空间和口碑。所以，在投资时要注重公司管理者的素质，芒格认为，如果一家公司的领导层是一群有抱负、善于管理的人，那么这个公司一定能有一个光明的前景。因此，即使用稍高的价格来收购这个公司的股票，对于投资者来说也是很划算的。

正是芒格的这番话改变了巴菲特今后的投资方向和投资思维，巴菲特曾经这样评价芒格："他（芒格）把我推向了另一个方向，我以非同寻常的速度从猩猩进化到人类。"

和芒格相同，世界上另一个富豪比尔·盖茨也是巴菲特的良师益友之一。他和巴菲特有着很相似的人生经历和价值观念，同等重量级的富豪很难得的在人生观、价值观方面都如此相似，但是比尔·盖茨带给巴菲特的，并不是什么独特的理财思想，而是人世间最常见的温暖。在 2006 年，巴菲特的妻子过世了，这对他造成了很大的打击，导致了在此之后的很长一段时间里，巴菲特都无法从悲伤中走出来。盖茨听到这个消息之后非常着急，他担心已经 74 岁高龄的巴菲特长期处在悲痛的情绪中会损害他的健康，这是谁都不愿意看到的事情。于是，盖茨和妻子极力劝说巴菲特，并邀请他到中国旅游，最终帮助巴菲特走出失去亲人的伤痛。2006 年 6 月 25 日，巴菲特决定把自己 300 多亿美元的财产捐给比尔·盖茨的慈善基金会，他说："我之所以选择盖茨和梅琳达（比尔·盖茨的妻子）慈善基金会，一方面是因为我认为它是世界上最健全、最透明的慈善组织，另外就是我十分信任盖茨和梅琳达，他们是我最好的朋友。"

从某种程度上来说，正是由于有了这么多朋友的帮助，才让巴菲特的投资人生如此精彩和成功。因为有这些宝贵的经历，所以巴菲特经常教育子女要尊重自己的朋友，要学会选择和结交朋友，因为好朋友是一个人一生最大的财富。这个观点正如美国政治家杰里米·泰勒说的那样："友谊是我们哀伤时的缓和剂，是我们的压力的流泄口，是我们灾难时的庇护所，是我们犹疑时的商议者，是我们脑子的清新剂，我们思想的散发口，也是我们沉思的锻炼和改进。"

不要忽略掉身边的朋友

中国有句老话："在家靠父母，在外靠朋友。"在当今这个快速发展的社会环境中，朋友是我们每个人都非常重要的一部分。朋友是一面镜子，从朋友身上可以照见自己的影子；朋友是一本书，它可以打开你的整个世界。"交个好朋友，就是开创一种新生活"。

当然，我们现在所说的朋友绝对不是平日里大吃大喝的酒肉朋友，我们交朋友也绝对不是没有任何标准的。孔子曾经说过，交朋友有"益者三友，损者三友。友直、友谅、友多闻，益矣；友便辟、友善柔、友便佞，损矣。"意思就是说："益者三友"是我们正直的朋友、宽容的朋友、广见博识的朋友；"损者三友"就是性情暴躁的朋友、优柔寡断的朋友，还有那些心怀鬼胎的朋友。

"君子和而不同，小人同而不和"，我们应该和君子交朋友，而不能和小人交朋友。因为"和"是中国的传统，是中华民族的核心精神。

君子朋友的人格可以影响你的人格，他可以在你怯懦的时候给你勇气，在你犹豫不决、彷徨无措的时候给你一种果决，他会在我们内心增加一种自省的力量。

于丹教授也曾经讲过，真正交朋友需要两个前提：一是意愿，二是能力。"意愿"就是我们有"仁"，能力就是我们有"智"。"仁"就是孔子说的对他人要有爱。有了对他人的爱，这样就能有去交朋友的意愿。但还要有辨别他人的能力，能交到好的朋友，这是一种交友的能力，这是一种保障交朋友质量的最好底线。

真正的朋友之间的情感，会比普通的友谊多蕴含一份浓浓的亲情，显得更为朴实自然。当我们丢掉了许多不必要的客套之后，呈现在彼此面前的是自然而纯真的友情，没有伪装，没有虚假，有的只是心灵的贴近与沟通。让我们抛弃空洞的许诺，把真正的友情珍藏在内心深处，内化为一种力量，真正构建起友谊的大厦。

人海茫茫，世事沧桑，假如你拥有哪怕一位真挚的朋友，请好好珍惜吧！因为这份友情是金钱买不来的，是时间换不回的，那份真挚的友情是心与心的交融，是属于你一生的财富。

第二节　用坦诚赢得他人的信任

坦诚，是一个人在社会上的一种态度，这种态度不仅仅面向自己，更面向自己的身边人。

"真诚"是块敲门砖

巴菲特经常教育子女，在生活中、在工作中，对人对事都要坦诚，要做到不隐瞒、不修饰地还原本相和本真。同时，也要做到对他人、对自己都能坦率诚恳，不虚与委蛇，不自吹自擂，不假意奉承。只有实实在在、坦坦荡荡的人才能获得他人的信任。

可以说，坦诚是一个人立足于世最基本的条件，也是每个人人生中最大的财富。

现如今，坦诚似乎成了一件极为奢侈的事情，很多人认为，坦诚，只要做到不骗自己就可以了，欺骗别人没有什么关系。然而，欺骗的谎言总有一天会让你承担这个后果，因为我们说了一个谎言，就要用一百个谎言去圆它。毕竟，事情的真相是一种客观存在，即使为了不让别人心里难受而隐瞒了真相，也绝对是不值得提倡的做法。

纵观巴菲特的一生，他非常在意"坦诚"二字，在教育子女的时候，也多次强调坦诚。而且他不仅用语言教育子女要做一个坦诚的人，同时，也用自己的实际行动向子女们展示他为人处世时的坦诚，让子女们看到坦诚对于一个人的重要性，让他们懂得一个人最宝贵的人格魅力。

现在我们看待"股神"巴菲特，都是如何如何的成功，但是作为一名成功人士，巴菲特却从来都不避讳谈论自己曾经犯过的错误。他曾经多次公开承认自己的公司柏克夏在纺织业和保险业上面临了困难，并且将这些困难归结到自己在管理这些企业时所发生的错误。很多名人都喜欢粉饰自己的功绩，却不愿意让人看到自己的失误，可是巴菲特不这样认为，他反而觉得，坦诚自己的失误，才是对自己最负责的态度。在柏克夏的年度报告中，巴菲特曾以"前二十五年的错误"为名，列出他曾犯下的错误。因为巴菲特相信，开诚布公至少能带给管理者与股东相同的好处。他曾说过："误导他人的主管，最后也将误导自己。"

当然，巴菲特也要求企业管理层的人员必须做到坦诚这一点，所以，他对那些完整而翔实地报告公司营运状况的管理人员极为赞赏，而且会非常器重那些不隐瞒公司营运状况的管理者。因为，绝大多数成功者都是非常重视"坦诚"的，他们在成功的时候可以把成功的喜悦分享给别人；在失败的时候也敢于承认错误，并积极主动地去改正错误、弥补损失。

坦诚的人容易得到别人的信任

当然，坦诚地面对自己、面对别人，与之相对应的，便是获得别人的信任，巴菲特就是这样认为的。

巴菲特公司总部只有十几个人，他一个人做决策，却能管理着如此巨大资产规模的产业，并且能够获得巨大的成功，这和巴菲特坦诚待人有着很大的关系。因为坦诚，所以信任，他信任手下的员工，员工同样以这种态度回报。据说，巴菲特平日里对公司的运营状况不管不问，只是在年终的时候看一下报表，但这些人为巴菲特工作甚至比把企业卖给巴菲特之前给自己打工还要卖命。这就是巴菲特的坦诚所收到的回报。

2010年，一年一度、闻名全球的巴郡公司准备召开年会。在此之前，巴菲特特意宴请了一批来自美国一流高校 MBA 班的 100 位尖子生。宴会上，巴菲特和未来 100 名企业精英进行了坦诚的交谈。在谈到人生中的挫折和错误时，巴菲特坦诚他犯过很多错误。比如他以前是一个胆小害羞的男生，根本不敢在公众场合讲话，也不敢在别人面前表达自己的想法和意愿。直到高中毕业之后，他参加了"卡耐基"的公众演讲训练班，训练自己的演讲技能。这样的坦诚让巴菲特在人们心目中的形象更加完美。

很多时候，我们总是对坦诚的人有一种偏爱。曾经，一位美国社会心理学家拟订了一张表格，罗列了500个描述人性格的形容词，然后以问卷的形式让人们选择。问卷回收后的研究结果表明——人们评价最集中、也最喜欢的品质是坦诚，而评价最低的品质是说谎、不老实。由此可见，坦诚在人心目中的重要位置。

坦诚，也会让人发生一系列的改变，并且会产生许多优点。如果你想要向别人推销、介绍自己，那么你必须在自己的意识中先接受有缺点的自己，并且充分认知自己。当你走入自己心灵的深处，你会知道你确实不能愚弄自己。而如果你想拿它来试验别人，早晚你会迷失在自己编织的陷阱里面。可是，如果你对自己坦诚，面对事实，对自己的目的、能力、工作、家庭、地位等做客观的认定，你会发现做个坦诚的人要简单得多。

"为人之道贵在诚朴，坦诚待人良友必多。"巴菲特用自己的言行告诉自己的儿女，坦诚才能获得他人的信任，坦诚是一个人最熠熠生辉的品格。有着"世界第一CEO"美誉的杰克韦尔奇先生在他的著作《赢》中说："我一直都是'坦诚'二字强有力的拥护者。实际上，这个话题我给GE的听众们宣讲了足足20年。"

巴菲特对自己和别人都是抱着诚信和负责的态度，即便犯了错，有了失误，他都会勇于承认错误。尤其是在每年的股东会上，他都会把一整年做对和做错的事一一交代清楚。他认为讲究诚信的人自然会努力达到目标，因此深信"跟品质败坏的人是谈不出什么好生意的"。

巴菲特认为，人的心灵与身体就是一种商业资产。心灵的美好，让人们有了无穷的勇气去追寻自己的梦想，而健康则为这条道路保驾护航。

对人生、商业与投资，巴菲特很少后悔。在投资的世界里，难免会和一些大好的投资机会失之交臂。如果你卖掉股票之后，股价才一路飙升，你接下来的好几个月可能都难以释怀；如果你决定不卖，而后来股价又受到重挫，那么接下来好几年你不但会自责，对别人也不会有好脸色，这样的情绪变化的确是人之常情。决策也是如此，倘若做了一百个决定，其中有十个结果不尽理想，你可能一直无法摆脱这些错误的阴影，而忽略了其他需要做决策的事情。

在投资的世界里，每天都有不断冒出的新机会，就算偶然有了一次失误，只要汲取教训，避免重蹈覆辙，这也是人生中的一个收获。因为在漫长的一生之中，你会错过的投资机会实在太多了，那并不会造成伤害；你应该注意的是采取行动时发生的错误，因为只要有行动，失误就在所难免。

著名作家梁实秋说过："'世间骇世震俗之事'莫过于'说老实话'，滑稽可笑者亦莫过于'说老实话'。不管实话骇世震俗也好，滑稽可笑也罢，但实话终究是真实情况的反映，谎言再美丽，也是谎言。"敢于对别人坦诚地说实话，体现的是一种担当，一种坦诚。敢于说实话的人，才值得人们长久地信任与支持。

第三节　好人缘是财富大厦的根基

大凡在事业上有所成就的人，都十分重视人际交往，他们往往都把人际关系当成自己一生的财富，这种财富是无形的，但是却能够在关键时刻给他们带来一个推力。

好人缘才有人脉圈

人在社会中，自然而然就会拥有自己的人脉圈，很多人都会非常用心地去维护好自己的人脉圈。因为良好的人际关系在炎炎夏日犹如一杯清新透凉的冰红茶，滋润着你我干渴的喉咙；在寒冬腊月它就是一朵朵迎雪绽放的梅花，温暖着彼此的心田。其实，综观巴菲特的人生，我们也能够得出类似的结论——大凡在事业上有所成就的人，都十分重视人际交往，他们往往都把人际关系当成自己一生的财富，这种财富是无形的，但是却能够在关键时刻给他们带来一个推动力。

当然，巴菲特的这种观点也会影响到他的子女。在他的儿女年纪还小的时候，他们经常向父亲抱怨某某人的态度很差，甚至令人讨厌。巴菲特听到以后，总是蹲下身来摸着儿女的脑袋说："孩子，我们是不是应该先反省一下自己呢？自己有没有做得不对的地方？"在人际交往之中，常常自我反省的人往往会赢得别人的好感，而推卸责任的人往往都会被别人排斥在交际圈之外。

除此之外，巴菲特还教育孩子说："其实在人际交往中，对方的态度往往取决于自己的态度。就像一个人站在镜子前，你笑时，镜子里的人也跟着笑；你皱眉，镜子里的人也皱眉；你对着镜子大喊大叫，镜子里的人也冲你大喊大叫。所以，我们要获取他人的好感和尊重，就应该先尊重他人。任何人的心底都有获得尊重的渴望，受到尊重的人会变得宽容、友好、容易沟通。"

在现实之中，并非所有的人都能做到礼貌待人，这在我们的日常生活中极为常见。比如，总有相当一部分人，虽然学识渊博，精明能干，但是往往忽视礼貌待人的细节，缺乏良好的素养。这一类人往往在待人接物上养成自大、蛮横、粗鲁和生硬的态度和习惯，以致与各种成功的机会擦肩而过。据调查，各用人单位最欢迎的是那些"彬彬有礼、温文尔雅、精神饱满、头脑清晰、应答如流"的人。所以说，礼貌待人是成功的最重要资本。巴菲特正是因为懂得礼貌待人，才赢得了广泛的人缘，从而获得了事业和人生的成功。

然而，巴菲特的彬彬有礼也不是与生俱来的。巴菲特曾给儿女们讲过一个他少年时的故事。

那是 1943 年的 1 月，巴菲特刚刚离开老家奥马哈来到华盛顿上学，整个初中三年，他一直都不能适应新城市、新学校的环境。再加上本来处于青春叛逆期，越不适应，他就越叛逆，也越让人感觉讨厌。所以那个时候的他绝对算得上是个问题少年——他上课捣过乱、离家出走过，甚至到商场偷过东西。可是，巴菲特知道自己这样做是错误的，他也渴望能做一个老师、同学、家长都喜欢的好孩子，他希望周围的人能接受他、喜欢他。为此，他常常发愁："哎，有什么办法能让别人都喜欢我呢？爸爸忙着上班，妈妈忙着干家务，老师忙着上课，同学忙着学习，谁能教会我一套办法，让别人都能喜欢我呢？"巴菲特经常为此困惑和烦恼。

那时的巴菲特虽然有着如此桀骜不驯的性格，但同时，巴菲特有着另一个很好的习惯，那就是喜欢读书。他看过很多书，其中有一本是他曾经在爷爷的书架上看到的，那本书的名字很吸引人——《如何赢得朋友和影响他人》，作者是一个叫戴尔·卡耐基的推销员。在书中的第一页有这样一句话："如果你想采到蜂蜜，就不要踢倒蜂窝。"换句话说，如果你想和别人做朋友，并得到珍贵的友谊，就不要轻易去批评别人，因为这样的批评会伤害到别人的自尊心，让人心生怨恨，这就像捅了马蜂窝一样危险。那么如何能够赢得朋友的喜爱呢？卡耐基引用一句名言为："赠人玫瑰，手有余香。"这一点非常容易理解，要赢得朋友，最有效的办法是赞美别人，不是虚情假意的奉承谄媚，而是发自内心的真诚赞美。因为每一个人内心最大的渴求就是"被人重视"。

巴菲特第一次看到这本书的时候只有八九岁，所以他对书中的内容并不是很感兴趣，只是随手翻了翻。现在看来这本书对他来说太重要了。于是，巴菲特跑到图书馆借来这本书，如饥似渴地读了起来。

卡耐基在书中说："我所说的是一种新的生活方式。"

他在书中列出了非常系统的30条为人处世的基本原则。其中，不要批评是最重要的基本原则。其他还有：

人人都希望受到注意和赞美，没有人希望被批评。

在所有文字中，最好听的声音是自己的名字。

处理争执最好的方法就是避开争执。

如果发现自己错了，马上坦白认错。

问问题，而不要命令别人。

帮助别人留下好名誉。

婉转指出别人的错误，让别人保住面子。

看完这本书之后，巴菲特突然顿悟了："这不正是我想要寻找的为人处世的基本原则吗？我不擅长为人处世，但是掌握了卡耐基这一套基本原则，我就能很好地与人相处，在任何情况下都能让别人接受并且喜欢我。"

或许有人会提出这样的疑问，卡耐基说的这些原则真的有效吗？卡耐基在书中表示："光是阅读这些原则是没有用的，实践才是检验真理的唯一标准，这些原则必须通过实践应用才能收到预期的成效。"

为了改变自己的人际关系，巴菲特开始改变自己，他尝试在各种场合实践卡耐基的为人处世方法。有时他照着做，认真听别人说话，真诚赞美别人。有时他反着做，故意不听别人讲话，故意批评反对别人。经过这些经历之后，他发现，卡耐基所说的为人处世原则是对的，并且非常有效，赞美别人的同时也得到了对方非常礼貌的回应。于是巴菲特便开始更多地应用卡耐基提出的为人处世原则，逐渐地，他得到了大家的喜欢，也正是因此改变了他的一生。

在现实生活中，每个人都会遇到不被人接纳或者不能融入人群之中的烦恼，巴菲特也不例外。但是他利用从书中得知的处世方法，找到了如何得到别人喜爱的途径，他用真诚和赞美最终赢得了身边人的好人缘。

好性格赢得好人缘

想要赢得好人缘，光凭借真诚的赞美还是不够的，还有一点也很重要，那就是我们所说的人的性格。性格是人们在社会生活中所形成的对周围现实情况的一种比较固定的态度，与之相对应的行为方式，是一个人最鲜明的、最重要的区别于他人的个性心理特征的总和，是个性的核心。一个人的性格集中表现在他的个性特点、意志、智力、情绪品质和气质等方面。

我们常常听说："性格决定命运。"这句充满了哲理的话深刻地反映了性格对于一个人人生的重要影响。除此之外，性格对于一个人的人际交往也起着举足轻重的作用，同时也会影响一个人的事业的成功和他的人生道路。在人际交往中，性格好的人相对来说就容易受到人们的欢迎，自然就会拥有很多朋友，他们的人生之路也会比那些性格不好的人要顺畅得多。

在巴菲特大获成功之后，他的朋友却说在生活中的巴菲特不善言辞，和他在公众场合的高谈阔论大相径庭。但是这并不代表他的性格不好，相反，曾经和巴菲特一起工作的同事、同行都很喜欢他，他们说巴菲特永远都是那么乐观向上、乐于助人，从来不会暴跳如雷，不会对身边的人发脾气。而巴菲特的众多朋友也常常说，和巴菲特在一起的时候，自己时刻都能感受到巴菲特乐观的性格，他的这种性格给他的朋友们带来了很多快乐，并且教会他们如何面对困难和挫折。

性格好不好，我们通过一个很小的事情就能看出来。据说，巴菲特非常喜欢打高尔夫球，可是他的球技着实让人不敢恭维，甚至连那些和他一起打过球的朋友都说巴菲特的球技一般。美国的《高尔夫球文摘》曾经评价过，巴菲特的高尔夫球障碍是 18.2，在世界前 200 名执行总裁中排在第 157 位。可是即便没有很好的球技，朋友们却都认为，巴菲特是一个很好的竞争对手，因为他总是越打越好。他从来都不会因为自己球技不好或者一时的失利而懊丧，也不会因为一时得失而兴奋不已，或者情绪暴躁，他总是笑呵呵地继续打球。巴菲特经常和他的朋友们组织一些小型的高尔夫球比赛，通常情况下，巴菲特的成绩并不好，但是即使是只剩最后一杆了，巴菲特也会很认真地对待，用心打好最后一杆球。这一点更让那些朋友对他刮目相看。其实巴菲特不在乎输赢，他只专注于每一次挥杆，他很享受挥杆的过程给他带来的乐趣。这样的态度让巴菲特的朋友们都很喜欢和他一起打球，他们觉得在和巴菲特打球的过程中，他们享受到的是运动的轻松和乐趣，而不是竞技的紧张。通过打高尔夫球这一小小的娱乐项目，我们就能看出巴菲特的性格来，他沉稳、认真、上进，怪不得如此受身边人喜欢，拥有好人缘了。

在生活中，巴菲特的言传身教也影响着他的子女。他很注重对子女性格的培养，他认为良好的性格是一个人在人际交往中获得更多的人喜爱的必要条件。

巴菲特的小儿子彼得是一个很有个性的人，他年轻的时候经常会和自己的朋友发生矛盾。这一点和巴菲特的为人处世算是比较大的矛盾了，所以巴菲特就告诉自己的儿子，有个性并不是一件坏事，但是在与人交往的时候就要相应地收敛一下自己的个性，如果你把对方当作自己的朋友，就要顾及对方的感受，要让他感受到你对他的尊重。不要自己想做什么就做什么，想怎么做就怎么做，要学会换位思考，谦和地与人相处，这样才能获得大家的喜爱，拥有更多的朋友。

但是当时彼得年纪还小，并不能充分理解父亲的良苦用心。在彼得又一次和自己乐队的朋友发生矛盾的时候，巴菲特专门把他叫到书房里，和他共同讨论性格对一个人的人际关系、事业、生活的影响。正是这次父子之间的促膝长谈，让彼得认识到了自己的不足，也体会到了自己强硬的性格对朋友和他们之间的友谊造成的伤害。后来，彼得还专门向朋友道歉，他们之间的友谊也因为相互理解和尊重而变得更加深厚。

　　在人际交往中，好的性格可以帮助我们赢得更多人的喜爱，使我们交到更多的朋友，拥有良好的人际关系，这些都给我们的事业带来了更多的好处。事实都告诉我们，很多事业上的成功者，都是通过人际交往，和他人合作而实现理想和达成目标的。俗话说："一个篱笆三个桩，一个好汉三个帮"。良好的人际关系是一个人事业成功的一项保障。毕竟我们个人的力量是渺小的，但如果一个人能够获得很多人的帮助和支持，那么他就很容易成功。现实生活中成功的企业家，几乎都是人际交往的专家，他们拥有很多朋友，也在朋友圈子里面备受欢迎。所以，良好的性格是一座桥梁，它可以缩短人与人之间的距离，可以引领我们走向成功的彼岸。

用人格魅力征服他人

　　在性格之后，我们还常常会提到一个词——人格魅力。拥有人格魅力的人，往往会成为人群中的焦点，他们的身上仿佛会带着我们看不到的闪光点。巴菲特之所以能取得如此巨大的成就，要归功于他的独特智慧和非凡人格，这两者中更重要的是人格魅力，他用自己强大的人格魅力不仅影响了周围的人，包括他的儿女和其他家庭成员，同时也征服了他们。其实，和巴菲特智力水平相似甚至于高于巴菲特的人比比皆是，但在人格魅力方面，真正能够超越巴菲特的人却寥寥无几。巴菲特常对儿女们说："要想取得成功，就必须要有独特的智慧和过人的人格魅力两个轮子的驱动。只有这样，才能成为一个真正的价值投资者，才能在更深远的意义上获取成功和体现人生价值。"

在巴菲特的人格特质中，真诚、平易近人是最典型的特征。我们常常能够在各种新闻中看到，巴菲特给人的感觉就像邻家老大爷一样，丝毫没有世界级富翁的架子和派头。巴菲特讲话直截了当、毫不做作，他的话语总是在平和中蕴含着深刻的哲理，他说："我宁愿模糊的正确，也不要精确的错误。"

尽管巴菲特已经成为世界级的大师，但他从来没有把自己凌驾于任何人之上。在参与一些股市问题讨论的过程中，他始终把自己当成一个普通的投资者来发表一些个人意见，他从来不用类似于上帝的口吻宣布任何东西。巴菲特常教育儿女要谦逊待人，最好不要与人争辩。

除了平等待人之外，巴菲特的价值观和财富观是以奉献社会和回报社会为核心。在前文就提到过，他绝对不是拼命挣钱、拼命享受的低级观念。巴菲特每年举行一次个人餐会，就餐者需要通过竞价的方式向巴菲特购买共同就餐资格。或许有人会说巴菲特真是太精明了，想尽一切办法赚钱。然而这个挣来的钱并不是巴菲特私用，他会全部捐给社会慈善机构。可以看出，巴菲特非凡的气度和高尚的人格是非常人能比的。

在巴菲特的一生之中，他有过两次婚姻。在 20 世纪 60 年代，巴菲特与第一个妻子结婚，两人共同生活了三十余年。他的第一个妻子是搞现代爵士乐的艺术家，巴菲特搬到美国中部小镇上生活后，使得妻子没有办法接触自己心爱的艺术，于是她对事业和家庭做出了选择，离开了巴菲特和儿女们，前往大城市搞自己的爵士乐艺术，当时他们都已经年过 50 岁了。

妻子离开后，巴菲特的担子更重了，尤其是对子女的教育方面。后来，前妻考虑到巴菲特一个人生活的艰苦，专门把自己的一个好友介绍给巴菲特让他们共同生活，这个人就成了巴菲特的第二个妻子。通过这一点，我们也看出巴菲特和其他富翁的不同之处。很多大人物因为有钱或者有地位，虽然垂垂老矣，但总能找到一些年轻貌美的女性为伴，可是巴菲特却从来不对女人的年龄和美貌而动心。他的第二个妻子的情况实在是让人难以想象——她是一个东欧移民，抵达美国的时候已经 40 多岁，为了生活，她在美国的工作是做保洁员和服务员。但是巴菲特从不掩饰自己对他的第二个妻子的欣赏，他评价她富有幽默感，非常勤快，为人善良。巴菲特与第二个妻子的结婚仪式只有 15 分钟，花费甚至于不如一个普通中国人的结婚花费。关于这一切，巴菲特的儿女看在眼里，记于心中。巴菲特以言传身教的方式给儿女们上了一课，并引导着他们的人生观和价值观——一个人的价值不应该由他的金钱、地位所决定，而是依靠这个人的个人魅力。

我们应该认真地思考巴菲特的人格魅力和思想精华，从而形成自己的人生观、财富观和价值观。或许我们赚不到巴菲特那么多的财产，但从另一种意义上讲，我们可以力求在人格魅力上与巴菲特看齐！总之，我们不仅要重视巴菲特的智慧，也更应该重视他的人格魅力，因为他的人格魅力会引领我们走向人生之巅，甚至会影响我们一生！

第四节　学会尊重他人

　　每个人都是上帝安排到人间的天使。他们的存在，都有一定的道理，并不是可有可无的。尊重身边的每一个人就是尊重上帝。

——巴菲特

尊敬别人就是尊敬自己

　　在我国古代，先人们非常尊崇"君子敬而无失，与人恭而有礼"的思想。圣人的伟大，在于他们的平等心。他们认为与人交往一定要相互尊重，尊重是交往的基础。相反，那些轻慢他人、骄纵自我的人不会有真正的朋友，同样也不会得到他人的尊重。

　　如何能够得到别人的尊重呢？首先我们要尊重他人。在人际交往中，我们对待别人的态度往往就决定着别人对待我们的态度。因此，要想获得他人的好感和尊重，首先要尊重别人。

　　在 2009 年的 1 月，伯克希尔·哈撒韦公司举办了股东大会，参加这次大会的股东达到了 3.5 万人。微软董事局主席比尔·盖茨也同样受邀参加了股东大会，并被安排在特邀嘉宾席上。因为到场人数众多，不可能安排所有的股东在同一个大厅中进行，为了解决这个问题，巴菲特马上组织工作人员为那些没能进入主会议室的股东开放了视频室。

这次股东大会从上午 8：30 开始，除了午餐的时间以外，一直到下午 3 点，会议内容几乎都是股东和公司管理层之间的问答。无论是在主会议室中的股东，还是在视频室中的股东，都可以向公司管理层提出自己的疑问。我们试想一下，如果是我们，我们会如何处理这种事件呢？会不会按照重要次序依次参加会议呢？如果这样做了，后果会是什么呢？那一定是我们放弃的小股东，他们也放弃了我们。但是巴菲特并没有这样做，他深知，尊重是人与人之间最基础的态度。所以，巴菲特采取了这种做法，并且赢得了大家的支持和信任。因为很多股东觉得享有盛誉的巴菲特能够如此尊重自己，自己还有什么理由不信任他、支持他呢？其实这种做法完全体现了巴菲特一贯奉行的原则——尊重身边的每一个人就是尊重上帝。

　　巴菲特对人们的尊重不只体现在他对朋友和股东的态度上，他对自己的儿女同样能够做到尊重和平等对待。他的儿子彼得从小就喜欢音乐，因此他最终走上了一条与商业完全不同的艺术之路。在彼得刚刚 20 岁的时候，他就骄傲地和父亲谈起自己的理想，他告诉父亲他想从事音乐事业。在向巴菲特叙述的过程中，巴菲特并没有因为儿子选择了一条与自己完全不同的道路而生气，而是认真地倾听。对儿子对未来的构想，巴菲特没有做任何评论，也没有直接提出建议。最终，巴菲特对彼得说："彼得，你知道吗，你和我其实在做同一件事情，音乐是你的画布，伯克希尔·哈撒韦公司是我的画布，我每天都在上面画几笔。"这句话给了彼得莫大的鼓励和安慰，父亲对自己选择的事业的支持和尊重让彼得更加坚定了自己的信心。后来，彼得在自己的一部著作中回忆这段往事的时候说道：

"他就说了这些，这就足够了。这就是我需要的回答，直到现在仍觉得很珍贵。我的父亲，事业如此成功，却把他的工作和我的工作相提并论，平等看待。"

在和他人交往的过程中，我们必须认识到，每个人都有自己的观点，也都有自己的个性和兴趣。因此，有时候尊重他人就是要尊重他人与自己的不同之处，并通过和谐正确的方式取得自己和他人之间的统一，而不是用愤怒和强制来迫使别人同意自己的观点和做法，那样往往会适得其反，根本不可能达到我们想要的结果。所以，我们将自己与他人放到一个平等的地位上，平等地对待他人、尊重他人，才能达到人与人之间的和谐，才能形成良好的人际关系。

我们每一人都具有社会性，因为我们的一生不可能独居一隅，更不可能不与任何人打交道。而要与人交往的先决条件，首先要做到的就是要尊重别人，这是与人交往的最基本的原则。如果我们想获得良好的人际关系，想做一个受人尊敬的人，那么就先从尊重我们身边的每一个人开始吧。

学会放低姿态

在人际交往中，我们每个人都有自己的为人处世的方式和哲学，如何使自己与周围的人和谐相处，如何才能化解朋友之间突发的矛盾呢？其实有一个很明智的做法，就是放低自己的姿态。

"股神"巴菲特在别人面前一直保持着谦虚、诚恳的态度，并且从来都不觉得自己高人一等。有一次，巴菲特在餐馆里吃完饭后，却发现自己没有办法付账，因为这顿饭总共花了 3.49 美元，而他的身上只有

100 美元的钞票，没有小额的现金，他也没有带任何信用卡之类的。可是这家饭店又没有足够的零钱来兑换巴菲特一张 100 美元的钞票。幸好，奥马哈一位退休老师普拉蒂看到了这种情况，就帮他付了账。第二天，巴菲特特意给普拉蒂寄来了一张他亲笔签字的支票，还附了一封信感谢普拉蒂的帮助。普拉蒂一直都没有把那张支票兑换成现金，他觉得拥有一张巴菲特亲笔签字的支票，是一件很荣幸的事情。

也许在很多人眼里，3.49 美元实在是太小的一笔钱，还不还又有什么大碍呢？甚至有人会说，能为巴菲特付账应该感到荣幸。但是，在巴菲特眼中，即使再小的数额也应该受到重视。因为，这不是钱的问题，而是与人交往最基本的礼仪，也是对他人最基本的尊重。他认为，任何人都不应该因为自己拥有的财富比别人多、社会地位比别人高、职业比别人好而觉得高人一等。人和人之间都是平等的，这种平等不应该因为各种因素而改变，尤其是对于地位相对高一些的人，更应该放低姿态，注意点滴细节，这样才会得到别人的尊重，才能收获真正的友谊。

其实，古今中外的许多名人、伟人都是低姿态做人处世的楷模。低姿态处世往往是一个真正的强者、智者的表现。

前美国总统克林顿在任职期间也曾经有过一个类似的"放低姿态"的故事：有一天，他到一家医院视察，突然有一个十来岁的小男孩从人群中挤到他跟前，却什么也不说，只是呆呆地看着他。克林顿看到之后，便觉得有些好奇，他弯下腰来问道："孩子，你有什么事吗？"

小男孩挠了挠头，说："我想要您的签名，可以吗？"

克林顿立刻答应了孩子的要求。签完名后，小男孩看着克林顿给他的那张签名又说："总统先生，您可以再给我签 3 张吗？"

克林顿有些疑惑，就问小男孩："你为什么要那么多呢？有什么用途吗？"

小男孩有些不好意思地说："其实，我只想要一张您的签名。但是我想再用 3 张您的签名去换一张迈克尔·乔丹的签名照。"

听到小男孩这样说，克林顿立刻哈哈大笑："原来是这样啊，我一定满足你的要求。另外，我有个侄子也很喜欢迈克尔·乔丹，我想再给你 6 张签名，你帮我侄子也换一张迈克尔·乔丹的签名照，可以吗？"

小男孩高兴地答应了。在场的人都笑了起来，为小男孩的可爱，更为克林顿的豁达和大度。

从医院回来以后，克林顿饶有兴趣地向自己的夫人希拉里讲述了在医院里发生的这件事，希拉里说："亲爱的，我佩服你的聪明，聪明是你的一种智慧，但是我更佩服你的低姿态，这同样是你的智慧的表现。智者往往把这种姿态当作是与人交往的法宝。在人际交往中，我们以高尚的风度待人，他人才会对我们表现出高尚的风度。亲爱的，与人交往中一定要看清自己，我提醒你一句话——你没什么了不起！"

后来，克林顿总统在自己的办公桌上放了一块醒目的提示牌，上面就写着："我没有什么了不起。"

一个是当时的美国总统，一个只是美国再普通不过的小孩，可是这个故事却让人感觉到，一个美国总统和男孩之间的平等互动。

"股神"巴菲特也经常这样教育子女，在与人交往中，一定要保持低姿态，不要因为自己是"股神"的子女而觉得高人一等，对他人颐指气使，要认识到自己和任何人都是一样的，任何人"没有什么了不起的"。

其实，在人际交往中，放低姿态可以减少很多隔阂和冲突，拉近朋友之间的距离，获得他人的尊重和信任。可以说，低姿态是一种境界，是一种修养，是一种智慧。低姿态是一种明智的为人处世之道，是一剂营造和谐氛围的灵丹妙药，是获得他人尊重和信任的法宝。低姿态并不是懦弱，也不是卑微，而是一种对他人的尊敬和友善。在人际交往中保持低姿态，与他人平等的相处，才能获得他人的赞赏和敬重。

第五节　懂得与对手合作

在商场上，合作是最常见到的一种运营模式，不仅可以共同分担产品开发的成本与风险，获取规模经济效益，还能共享资源与人才。

尊重对手促成良好的合作

在商场上，合作是最常见到的一种运营模式，但是合作有的愉快，有的却不欢而散，这其中也有很多技巧。合作双方不仅可以共同分担产品开发的成本与风险，获取规模经济效益，还能共享资源与人才。这样，它们就可以更快地向市场推出具有竞争力的产品，或与更大的竞争对手抗争。但是，很多投资者往往忽略了一点，就是合作的方式。

通用汽车和福特公司、日立和松下电器、戴姆勒—克莱斯勒和通用汽车、诺斯罗普·格鲁曼公司和英国航天系统公司、通用汽车和丰田、铁姆肯公司和 SKF 集团……这么多对制造商的共同之处是——他们每一对企业都曾经是在市场上短兵相接的直接对手。但是，它们同时又是战略合作伙伴，一起肩并肩地开发新产品，分享新理念和新技术，合作开拓市场。不过，虽然是"亲兄弟"，成本却是要明算账的。

"我们总得找出方法来分担风险、成本，甚至是共享技术能力，"负责与福特汽车公司合作开发安装在前驱车中的六速自动变速器的通用汽车项目经理伯恩斯解释道，"通过合作，我们可以获得很大的规模经济效益。"

换而言之，制造商们发现，与竞争对手合作是利大于弊。"现在的商业环境正朝着创新的方向发展，这正是引发制造商出现此类'不正常'行为的原因。"佩罗系统公司旗下专门从事 IT 业务咨询的子公司 Delphi 集团的总裁科洛波洛斯根据自己的观察如此评论道，"目前，企业处于一个必须加快创新速度的环境下，再加上全球化给它们带来的巨大压力，迫使它们结成合作伙伴，而这在十年前是不可想象的。"

的确，在十年之前，这样的合作根本是无法想象的，但是在如今看来，这种战略合作却是必要的。铁姆肯公司旗下的工业集团总裁阿诺德曾经在接受媒体采访时这样说道："企业可能无力独自承担做某些项目的成本，但是如果与其他企业合作，就可以由大家共同分担这些成本。竞争对手之间的联手合作并不会损害各自的竞争优势。"工业集团就选择和竞争对手合作，这是市场的需求，也是制造商们的需求，合作对象甚至包括像 SKF 这样的轴承制造商，所以双方通过合作共享物流和电子商务等系统。"当市场不景气时，很多制造商都会陷入困境。但是通过合作，即便是市场低迷，我们依然能够提高产能，同时分担成本和风险。"

很多人都会说，既然是竞争对手，那又如何合作呢？别怀疑，这些制造商每天在市场上的争斗就像几只饥饿的梭鱼为了同一群金枪鱼而展开的夺食大战，它们最喜欢的莫过于夺走别人嘴边的食物。但是，当机会来临的时候，它们会为挤走更大的竞争对手而并肩作战，一起联手破解恼人的技术难题，目的就是为了抓住这个机会。这样的合作在如今这种残酷的制造业环境中，明智的制造商开始懂得单打独斗未必是最好的策略。

对于众人的疑问，其实有太多的理由可以用来解释，为什么要与竞争对手共同享用电脑辅助设计软件画出来的设计图和共同分担机油费用？从商业角度出发，最大的理由无疑就是要分担成本、创造利润。在汽车制造业，分担成本的想法确实正在大力推动着它最新一轮的合作。

"向市场推出新的混合动力系统需要花费高昂的成本，其中最大的一项就是开发成本。"戴姆勒—克莱斯勒公司下属的克莱斯勒集团产品开发部执行副总裁赖德诺尔如是说。赖德诺尔称，公司的目标是在例如工程设计、与供应商合作进行零部件开发与采购以及购买生产设备等环节中提高效率。

而对企业变革深有研究的管理专家钱皮如此评论道："面对巨大的成本压力，企业不可能自己设计和生产所有的汽车零部件。"这位钱皮是畅销书作者，同时还是IT和企业咨询顾问公司——佩罗系统公司咨询业务的主席。对于这种战略合作，他有很多想法，"当你在设计一个新引擎时，提高设计效率的唯一办法就是和你的竞争对手合作。"

在研究新品的过程中，他们常常会遇到一个问题，由于最终产品过于复杂，把它生产出来需要许多制造商的参与，这在航空业和国防工业中是很常见的。所以诺斯罗普·格鲁曼公司的一位发言人这样解释："我们和许多家不同的航空产品制造商保持着既竞争又合作的关系。"目前，这家国防工程承包商正与英国航天系统公司的北美分公司合作开发在联合攻击战斗机上使用的集成微波组件。

其实，相互竞争的企业因为某些原因结成联盟，这并不罕见，因为他们有着共同的目的，那就是为了获取某种商业利益。举例来说，通用汽车和戴姆勒—克莱斯勒都觊觎着电气混合动力型汽车这一快速增长的新市场，他们都想在这个市场上分一杯羹，但是这两个汽车巨头却又同时面临着另一个问题和竞争对手，那就是比他们更早进入这个市场并处于领先地位的丰田和本田。因此，它们就必须找到一种方法来加快产品开发的速度，以便在最短的时间内向市场推出具有竞争力的混合动力技术。

萨维吉恩在通用汽车位于密歇根州的工程设计办事处工作，负责混合动力工程设计，他对这种合作的态度是："跟尽快把新产品推向市场的重要性相比，两家公司之间的竞争就显得次要了。"所以通过共同分担开发成本，并把双方的高智能人才汇集到一起，这两个汽车制造业的巨人能够以比自己孤军奋战更快的速度把产品推向市场。

共享部件或装配线这也是一种合作方式，它也能够使竞争双方在向供应商订购零配件时获得规模经济效益。通用汽车和福特汽车联手研发用于前驱车中的六速自动变速器，就是这种合作方式的一个范例。2005年，通用汽车在年度北美底特律车展上所展示的一款 Saturn Aura 概念车就使用了这种六速自动变速器。当时，来自通用汽车的伯恩斯对大众这样介绍道："因为大多数的部件都是相同的，所以我们可以实现供应商共享，并从中获得了巨大的规模经济效益。"

对于竞争对手之间的合作而言，有时候，双方拥有共同的目标并不是最主要的，但是这一点对于确保合作的成功将大有帮助。"在协商的时候，双方都应该把各自的目标提出来，如果目标确实不同，那么至少它们也应该是一种互补的关系。"评论家钱皮断言，"如果两个制造商有意合作，却发现彼此目标不同，这样会有比较大的风险，在将来的合作过程中发生冲突的可能性就会增大。"

合作模式的多样性

纵观所有竞争对手之间的合作关系，走得最长久的并不是因为有着共同的竞争对手，而是因为他们彼此都是对方的主要竞争对手，但各自的目标却是南辕北辙。这两家公司就是丰田和通用汽车。在 20 年前，它们联手在加利福尼亚州的弗里蒙特市成立了新联合汽车制造有限公司（即 NUMNI）。现如今，这家由两个竞争对手共同创立的合资企业已然成为竞争合作模式的一个成功范例。

新联合汽车制造有限公司是加州唯一的汽车装配厂，利用所属通用汽车的一处已经停止使用的厂房，用同一批员工、生产线和丰田的生产方式为这两家公司生产汽车。这种合作模式比较少见，因为两家公司的目标并不相同，丰田的目的是在美国的汽车制造业界占有一席之地，而通用汽车则是希望向丰田"偷师"，学会他们的精益生产方式。最初有很多人并不看好这样不对等的合作，可是丰田北美公司的高级副总裁库尼奥认为："双方都从这个合资企业中获益良多。"

"以前，丰田在美国卖的汽车全部都是从日本进口的，"库尼奥回忆道，"对丰田来说，这种方式可以降低风险，同时节省下在美国开设新工厂、聘用美国工人和采用美国供应商等方面的投资。"数据表明，自从新联合汽车制造有限公司启用以来，这 20 年中，丰田的生产规模不断扩张，现在它在北美已经有 13 家工厂，年产量达 150 万辆。而通用汽车的算盘则是通过共同经营工厂，学习丰田的精益生产方法。"新联合汽车制造有限公司的工厂为我们提供了更好地理解精益生产概念的机会，同时也使我们能够更快地向精益生产方式转变。这些在 20 世纪 80 年代都属于比较新潮的做法。"通用汽车的发言人如此评论道。为了达到这个目的，通用汽车把管理人员和工人都送到新联合汽车制造有限公司去学习精益生产概念。

这个合作关系发展至今，一直都非常稳定。但是在最初，很多业内人士也曾经评论过这种做法，它甚至成为众多业界同行的诟病，有些人甚至大骂它们愚蠢。新联合汽车制造有限公司的网站上有这样一段描述："福特汽车和克莱斯勒公司竭力反对，甚至提起诉讼试图阻止这个合资公司的成立。"但是，经过长达 15 个月周密的调查，联邦贸易委员会最终同意成立新联合汽车制造有限公司，并指出这家合资公司将为消费者提供更多的选择，同时在建立合作型的劳资关系方面为美国企业树立榜样。

如此看来，这家合资公司的建立的确很不容易，库尼奥补充道："克莱斯勒公司的总裁艾科卡曾经提起诉讼，企图反对成立这家公司。还有许多人公开表示怀疑这家公司能否生存下来，即便能够达成合作，又能撑多久呢？"

听到外界人士的如此质疑，通用汽车和丰田下定决心，不但要和外部的反对声浪对抗，还要克服必须面对的经营困难。为此，这两家公司在新的合资企业中投入巨资，从汽车的设计到生产，全部采用丰田生产方法，并让美国员工来实施。这样一来，大约有 450 名主管和生产组长被派到丰田在日本高岗市的工厂，接受为期 3 周的岗位和课程培训。现在，这些培训都在新联合汽车制造有限公司内部进行。

在这样的合作模式下，新公司竟然成功了。有很多人会问，为什么这样目标南辕北辙的合作竟然会成功呢？如果要说的话，那就是来自双方高层的高度重视和投入。任何一次新的尝试，都离不开前期的投入，这一点毋庸置疑。"丰田公司和通用汽车的前主席史密斯都决心要推动这个企业向前进。"库尼奥说。在新联合汽车制造有限公司的工厂里，汽车是用丰田方式来生产的，因此丰田把工厂的日常运营权全部移交给美方。

在 1984 年 12 月，第一辆雪弗兰 Novas 在弗里蒙特市的工厂生产线上诞生。与此同时，这个工厂也开始在同步生产丰田的花冠 FX。经过数十年的风雨，到了现如今，在新联合汽车制造有限公司位于旧金山湾东岸、与 880 号州际公路比邻的弗里蒙特市的工厂里，将近 6000 名工人在生产通用汽车的 Pontiac Vibe 系列的同时，也生产丰田的轿车和敞篷小型载客卡车。去年，该厂分别为丰田和通用汽车生产了 3.11 万辆和 6.9 万辆汽车。

然而，令人感到讽刺的是，福特和克莱斯勒如今也与竞争对手进行合作。其中最引人注目的就是它们都分别与通用汽车合作开发新产品。福特与通用汽车合作开发六速自动变速器，而戴姆勒—克莱斯勒则和通用汽车共同开发新的混合动力引擎。

像这种竞争对手之间的合作的风气似乎还在不断增长，几乎大多数已经接受了这样的合作模式，也开始和竞争对手合作的制造商都表示，未来将可能与竞争对手更深入的合作。"不仅仅是松下，整个电子工业界的企业都会更多的与竞争对手合作，这样它们可以减少开发成本并提高效率，从而将风险降到最低。"松下电器的发言人说。

松下电器宣布计划与其竞争对手——总部在东京的日立公司开始合作，他们准备联手开发和拓展等离子电视的全球市场，合作协议的内容涉及所有与彩色等离子显示器（PDP）技术有关的活动，其中包含了开发、生产、营销和知识产权等。与竞争对手合作对松下电器来说并不陌生，它已经有过和惠普、NEC、东芝和日立合作的经验。

但是，合作的时候，不能光看到成功，也要考虑到与竞争对手的合作给企业带来的不利影响。这些影响主要体现在客户对品牌创新能力的质疑，和可能发生的专业人才的流失，毕竟合作是双方共用一个平台，但是这个平台带来的不稳定因素也同样存在。"流失最明显的就是专业人才，特别是当合作导致裁员时，"钱皮指出，"合作以后，就不需要那么多的工程师来设计新引擎了。可是当未来出现某个商机，企业打算投资设计一种全新的引擎的时候，可能就会发现这方面的人才不足了。"

当然，也有人建议与竞争对手合作的制造商要小心保护自己的创新能力，这其中包含了很大的学问。"使你在市场中显得与众不同的就是你的创新能力，"Delphi 集团总裁科洛波洛斯指出，"企业最终的目的是成为为公众所认可的创新者，比如在创新或质量方面成为首选品牌。"他总结道："一旦竞争对手之间建立起合作关系，品牌问题就是躲在暗处的魔鬼。"换句话说，当大家的利益一致时，制造商之间联手合作是完全没问题的。但一旦发展到相互交换"企业DNA"的地步，明智的做法是和对方划清界限。

第 4 章

投资不是投机——巴菲特谈投资

投资才是致富的真谛。有句话说得好："只有在潮水退去的时候，你才知道谁一直在裸泳。"大浪淘沙之后，才是市场认定王者的真正时刻。认清这种简单而又实用的方法：投资而不是投机，才是成熟市场的成功之道。

第一节　投资需要智慧

　　根据价值投资理念寻找价值投资机会，根据自己的判断做出投资决策并果断执行，是巴菲特最核心的投资理念，最简单也是最重要的投资智慧。

用智慧去思考

　　与那些华尔街和纳斯达克挥斥方遒的豪客们不同的是，巴菲特从来都没有调度资金在股票市场上横冲直撞、追涨杀跌，大多数时候，他都会以一种相对安静的姿态遵循投资最本质的规律——价值投资，从而达到在相当长久的投资生涯中获得平均最高的收益率的目的。

　　在他追随恩师格雷厄姆学习的时候，他就充分吸收了老师的投资精髓。在后来的实践过程中，巴菲特将价值投资的投资理念在自己的投资中发挥得淋漓尽致。他认为，每个投资者的投资收益都来源于企业股票市场价格与其内在价值的差异，但是要做到在实际的投资中获利，更需要独特的投资智慧。

　　在投资的过程中，巴菲特始终具有自己的思维，也就是对价值有自己的独立判断，并根据自己独立的判断来确定投资目标以及买入卖出的时机，而不是像市场上大多数的投资者那样，跟在别人的身后，完全没有自己的思考。我们可以举一个巴菲特的投资案例来说明巴菲特的价值投资理念：

2003年4月，中国股市进入了低迷时期，巴菲特以约每股16～17港元的价格大举买入中石油H股234亿股。

2007年7月12日，巴菲特开始减少手中的中石油H股。到了这一年10月份，巴菲特共9次实施对中石油H股的减持，直到最后全部清仓。

通过这一举措，在短短的四年，巴菲特当初投入的5亿美元变成了40亿美元。

不过，令大家意外的是，这次中石油的股价并没有因为巴菲特的减持而下跌，从巴菲特第一次减持中石油开始计算，中石油的股价累计升幅达35%，他因此少赚了至少128亿港元，看来这次"股神"似乎失算了。

但是他真的失算了么？事实绝对不是我们看到的那样，这恰恰体现了"股神"一贯的投资作风。在巴菲特投资石油H股的过程中，至少有两点值得投资者学习：一是巴菲特在买入中石油时，它的股价刚刚经过了从11港元到约17港元的较大涨幅，但是巴菲特毅然选择了购买，他之所以有这样的判断，是基于他对股价的准确估价以及投资的胆识；二是当巴菲特在中石油的投资中获利超过9倍时，基于对中石油的内在价值估计、对股票内在价值与市场价值关系判断，并结合自己在投资中所遵循的赢损原则，综合评价做出的决策。他这种逢高减磅、越涨越卖、见好就收的做法真正体现了他在投资中的高明之处。至于抛出手中股票后中石油H股的上涨，那已超出了巴菲特价值投资标准的范畴，又何须计较呢？反正巴菲特已经按照自己的预期获得了自己所应得的收益，这就足够了。

巴菲特的投资智慧

在接受《经济半小时》记者采访时，巴菲特对其把中石油清仓的行为做了如下的解释："你知道的，有很多像这样很好的企业，其实我希望我买了更多，而且本应该持有更久。石油利润主要是依赖于油价，如果石油在 30 美元一桶的时候，我们很乐观，如果到了 75 美元一桶，我不是说它就下跌，但是我就不像以前那么自信。30 美元一桶的时候是很有吸引力的价格，根据石油的价格，重仓中石收入在很大程度上依赖于未来十年石油的价格，我对此并不消极。不过 30 美元一桶的时候我非常肯定，至 75 美元一桶的时候我就持比较中性的态度，现在石油的价格已经超过了 75 美元一桶。"

这个"中石油"的投资案例其实体现了巴菲特这样一个观点：如果你发现了一个你明了的局势，其中各种关系你都一清二楚，那你就一定要根据自己的思维采取行动，不用去管这种行动是否符合常规，也不要去在意别人赞成还是反对。这一观点也是巴菲特教育儿子霍华德在投资过程中一定要注意的，他一再对儿子强调，投资最需要的是智慧，而不是运气等那些虚无缥缈、不实际的东西。

根据价值投资理念寻找价值投资机会，根据自己的判断做出投资决策并果断执行，是巴菲特最核心的投资理念，最简单也是最重要的投资智慧，也是投资者所应具备的最宝贵的素质之一。

第二节　认清自己才能驾驭市场

一个人的能力大小并不是最重要的，能够比较客观地认清我们自己的能力界限才是最重要的。

——巴菲特

眼光决定成败

巴菲特的老师格雷厄姆曾在《聪明的投资人》最后一章中提出了对投资至关重要的几个字："安全边际"。从经济学的理论上讲，安全边际就是价值与价格相比被低估的程度或幅度。巴菲特认为，这些思想观点从现在起至几百年之后，将仍然会被认作是合理投资的奠基石。这种观点在投资实践中，就是要在对企业价值合理评估的基础上，再适当的价值买入，并且要长期的持有它。而在赚钱之前，确定安全边际的标准应该是"不赔钱"。

而对于巴菲特来说，想要做到不赔钱其实很容易，那就是管好自己的事，做自己"力所能及"的事。所以在他的投资生涯之中，他绝不会投资自己不熟悉不理解的公司，他把自己的投资目标限定在自己所能理解的范围内。

巴菲特强调，一个人的能力大小并不是最重要的，能够比较可观地认清我们自己的能力界限才是最重要的。很多人在工作中总是会犯一个错误——眼高手低，这就是不能清醒地认识到自己的能力界限而导致的后果。巴菲特说："我每年一次撰写几十页年报的活动，其实也是一个学习的过程。我发现，有些东西常常以为自己懂了，但要把它们放在纸上向股东解释的时候，才知道自己并不很了解。所以，这些活动不但使我对本行业想得更深入，而且也使我了解了自己的能力界限。"

巴菲特最成功的投资案例是对可口可乐、吉列、《华盛顿邮报》等传统行业中的百年老店的长期投资。其实，这些企业有一个共同的特点——基本面容易了解，易于把握。这就是巴菲特对"力所能及""不熟不做"投资理念的最佳运用。

巴菲特之所以会选择《华盛顿邮报》作为投资对象，就是源于他对报业的深刻了解。巴菲特和报业之间的渊源可以追溯到巴菲特的祖父、祖母那里。巴菲特的祖父曾经拥有并且主编过一份名为《克明郡民主党报》的周报；巴菲特的祖母在该报帮忙并且在家里的印刷厂做排字的工作；巴菲特的父亲在内布拉斯加州大学念书的时候曾编辑过《内布拉斯加州日报》；巴菲特本人则曾是《林肯日报》的营业部主任，而且巴菲特在1969 年买下了他的第一份重要的报纸《奥马哈太阳报》以及其他一些周报，所以巴菲特对于报业有着非常充分的认知和了解。这为他以后进行报业投资打下了良好的基础。

"不熟不做"是大学问

而对于巴菲特的"不熟不做"，从下面这个例子中我们也能够得到清晰的认识。

伯克希尔的一名股东曾向巴菲特请教对医药类股票的看法。但是巴菲特听完之后却说，这不是伯克希尔公司所擅长的领域。言下之意就是，他绝不会轻易地预测出哪一种药品会取得成功，哪一种药品会深陷泥潭，甚至是官司缠身。在巴菲特看来，医药类股票和属于禁忌之列的科技股相类似，巴菲特承认自己没有能力预测这类科技公司的前途，因为他对目前的技术发展状况知之甚少。他认为，对于这类股票，也许其他人比他更擅长，但是即使那些所谓的专家，也并不一定完全值得信赖。对于一个敏感的投资者来说，这是一个充满风险和变化的领域。既然充满了风险，他为什么还要进入呢？

巴菲特曾经说过："财富应足以让儿女们能够一展抱负，而不是让他们最后一事无成。"由此可见，巴菲特非常清楚一个人在自己的人生资源有限的情况下，更容易发现自己的能力界限，这种情况更容易激起他的斗志和信心，也能够让他在奋斗的过程中认清自己的能力、发现自己的潜力，从而创造出更加成功的人生。

认清自己的能力界限，在自己的能力范围内寻找自己的机会，并且紧紧抓住牢牢把握，不仅仅是在投资领域，在生活中也会帮助我们做得更好。

第三节　勇气比智慧更重要

在投资的过程中，很多时候，勇气比智慧更重要。

——巴菲特

勇气并非是意气用事

巴菲特曾经经历过这样几件事情，对他的人生也很有影响。

在巴菲特刚刚大学毕业的时候，市场上有一只新贝德联合铁道股票价格很便宜，单股股票的现金价值大约为 120 美元，但是市场上的交易价格却只有 40 美元。巴菲特当时的生活非常窘迫，几乎没有什么存款，于是他就开始向很多人推荐这只股票，并且告诉他们这只股票的前景非常好。他这样做的想法很简单，希望有人能从投资中获得利益，不过那时候的他还没有成为"股神"，所以很少有人相信他的预测。可是巴菲特坚信自己的判断是正确的，看到大家都不买他的账，巴菲特干脆把自己当时所有的积蓄都投到这只股票上。结果如他所预期的一样，这只股票后来涨到了很高的价格，巴菲特也因此赚了一笔。通过这次经历，巴菲特认识到，胆识和信念是投资者必备的素质，大胆投资，无所畏惧，才能有机会取得别人无法取得的成就。

2009 年，受金融危机的影响，很多投资者都遭到了前所未有的打击。然而，在这样一个低迷的市场环境中，巴菲特却大笔买入高盛和通用电气的股票。他的这一举动让人吃惊，可是从另一个角度看，他的这种做法又增强了投资者的信心。那些深陷财务危机或者处在危机边缘的人们，甚至包括奥巴马都不停地与巴菲特联系，希望得到他的建议或者资金上的支持。最重要的是，他重振了人们投资的勇气。

对于这次投资，巴菲特透露，"在金融危机的时候，资金和勇气都是无价的。"所以，他早就在等待一个投资良机，甚至伯克希尔公司早就储备有足够的资金。然而，在这样严重的恐慌面前，在众人纷纷抛售手中的股票以免被套牢的时候，巴菲特"反其道而行之"，大量购入股票，要做出这样的举措，的确是需要大智慧和大勇气的。

勇气，不仅仅是一种品质，更是一个投资人对自己决策的信心。巴菲特所讲的勇气，并非是在商场上逞匹夫之勇，而是在周全决策、思考之下的决然。面对机遇，有很多人都因为无法做出及时的决策而错失良机，所以巴菲特认为，面对机遇能够勇敢出击，这是投资学中非常重要的一种能力。

其实不仅仅是在投资学中如此，在人生中，我们也同样会遇到许多难以抉择的事情，无论是事业，还是家庭。在这种情况下，周全思考、勇敢抉择，就是巴菲特想要告诉我们的人生哲学。

让勇气成为下一代的必备品质

巴菲特不仅仅将勇敢抉择贯彻在自己的人生轨迹之中，还将这种品质告诉给自己的儿子。

他的儿子霍华德曾经为了实现自己从事农业的梦想，向父亲借了一些钱，他知道，为了实现自己的梦想，首先要努力赚钱。巴菲特告诉儿子不妨做一些投资，毕竟他刚着手从事农业，获得收益的时间会比较长，如果适当地做一些投资的话，只要方法正确，就会在比较短的时间内获得收益，这样就能从一定程度上减少负债给他带来的压力。

开始霍华德似乎并不买父亲的账，有时候他甚至还认为父亲是在干涉自己的选择，他认为父亲并没有真正想支持自己从事农业的理想。但是，随着时间的推移，霍华德发现，父亲曾经对自己的指导和劝诫竟然都在现实中发生了，不管是好的情况，还是坏的影响，都正如父亲所预料的那样。从那时候起，霍华德逐渐认识到投资对于他的重要性，他也认识到了父亲的投资策略的正确性和重要性，也理解了父亲的一番苦心。后来，霍华德经常就投资中的问题和父亲讨论，征求父亲的意见。

巴菲特告诉儿子，投资不仅需要掌握相关的知识，更需要勇气。股票市场和生活是一样的，只要你有勇气，敢于尝试，敢于实践，总会有惊喜呈现。

巴菲特曾经说过："人不是天生就具有这种才能的，即使终能知道一切。但是那些努力工作的人有这样的才能，他们寻找和精选世界上被错误定价的'赌注'。当世界提供这种机会时，聪明人会敏锐地看到这种赌注。当他们有机会时，就会投下大赌注，其余时间则不下注。事情就这么简单。"其实，真正的投资者是在别人贪心的时候保持谨慎的态度，而在所有人都小心的时候勇往直前。

第四节　谨慎的态度关系成败

实际上，没有十足的把握，我不会轻举妄动。

——巴菲特

取胜的经验之谈

曾经有人问巴菲特："为什么能在投资行业里屡屡获胜，有什么必胜的投资经验吗？"巴菲特这样回答："我们收购企业时有三个条件：第一，我们了解这个企业；第二，这个企业由我们信任的人管理；第三，就前景而言其价格有吸引力。如果你发现一家优秀的企业由一流的经理人管理，那么看似很高的价格可能并不算高。实际上，没有十足的把握，我不会轻举妄动。"所以，即便是纵横世界的"股神"巴菲特，在投资的时候也是十分谨慎的。

在投资市场上，最好的投资办法不是大量地买进股票，而是要等待恰当的机会，谨慎投资。时机很重要，但谨慎的对待才能够获得更大的利润。在每一次投资之前，巴菲特都会考虑很多因素，比如说，对不熟悉的领域他从不投资，投资之前要全面了解企业的各个方面等。巴菲特强调，投资者应该学会思考，时刻都应该知道自己在做什么，投资切忌盲目。

巴菲特常说："别人越是草率，我们越要加倍慎重。"其实，我们每个投资者都应该牢记这句话。在股市走高的时候，很多投资者会认为现在是一个大好形势，往往就会失去理智，不考虑股价、不考虑股价的增长空间，不停地买进。因此，很多投资者在股价狂飙的时候以超高价格买进股票，但是这种价格是完全不符合长期投资价值的。在投资的过程中，谨慎的态度才能让投资者避免"做傻事"，草率的决策很可能让投资者血本无归。

"球未投出之前，我绝对不挥棒。"巴菲特是个棒球迷，他用这样的比喻来诠释自己的投资观念。如果不能预测某个公司未来的效益和这只股票未来的走势，他是断然不会贸然投资的。他中意的投资企业是前景可以预测的，只不过因为管理层暂时存在问题，或者业界市场不景气等原因，使得公司的股价暂时降低，这就是巴菲特从不投资没有赢利记录的公司的原因之一。因为那些没有赢利记录的公司，它们的前景根本就无法预测，或者肯定地说是没有什么好前景的。在巴菲特眼中，这样的公司就像投手还没有投出的球，一切都不可预期。这样的投资风险也是无法预期的，甚至是高风险的，如果情况不乐观的话，甚至会使投资者赔得血本无归。投资市场的环境可谓风起云涌、千变万化，因此，投资的时候一定要谨慎。

不盲从的人生哲理

巴菲特从不盲目投资，如果没有一定的把握，他绝对不会出手。巴菲特总是建议那些盲目出手、频频买进卖出的投资者，在投资前一定要做足"功课"，不要盲目投资，投资的时候一定要理性与谨慎。如果没有好的投资对象，不如持有现金，这样对于自己的资产更加有保障。

在巴菲特看来，"谨慎"是一个成功的投资者应该具备的极为重要的专业素质，他说过："在寻找收购公司时，我们所持的态度就像是在寻找另一半，必须放开心胸、主动积极，但不应仓促莽撞。"所以，在投资过程中，一直持有谨慎的投资态度或许很难找到符合自己标准的股票，但是一旦出现这样的股票，就足以获得令人瞩目的收获。就像巴菲特一样，因为具有谨慎出手的习惯，他的投资数量少之又少，甚至一年也发生不了一次，但是只要出现了符合自己要求的投资对象，他就准确出资毫不犹豫。正是因为这样，巴菲特才拥有了世界"股神"的荣誉和令所有人都羡慕的巨额财富。

其实不只是投资，在生活中我们处理问题的时候也是一样，每个人在做一项大的决定之前一定要谨慎。因为，有时候一个小的错误就会导致不可挽回的损失。巴菲特的小儿子彼得开始告诉父亲自己决定做音乐人的时候，巴菲特曾经告诫儿子，做出这样的决定一定要谨慎，因为也许这个决定将关系到他的一生。在父亲的指导下，彼得思考了很多，最终他认为音乐是他一生的梦想，如果没有了音乐，他无法想象自己的生活将是什么样子。听到儿子这番话，巴菲特确认儿子的选择不是一时的冲动，也不是没有理由的选择，音乐是儿子一生的爱好，所以他才决定开始支持儿子的事业。凭着自己对音乐的热爱和出众的才华，彼得最终成长为一名广受人们喜爱的音乐家。

所以，爱好棒球的巴菲特总是喜欢用棒球运动来形容投资——投资就像是投资人挥棒，而市场上层出不穷的公司就像是投球手投出的球，挥棒前一定要谨慎，就像投资人投资前需要谨慎一样。巴菲特说，投资者过于频繁地击糟糕的球，他们的收益一定会受到影响。

"股市有风险，投资须谨慎"是我们常听常说的一句话，然而，在面对大量诱惑的时候，不是每个人都能保持冷静、谨慎投资的，在这方面，我们应该向巴菲特学习。

第五节　时机就是成功的尾巴

在拖拉机问世的时候做一匹马，或在汽车问世的时候做一名铁匠，都不是一件有趣的事。

——巴菲特

认清时机就等于优先取得胜利

1969 年，正是美国股市牛气冲天的时候，很多人都"疯狂"地投身到股市中。这个时候，绝大多数的投资者露出了他们"贪婪"的本性，他们对再高的股价都不害怕，一点也没有被套牢的恐惧，纷纷相信自己的股票还有很大的上涨空间。他们就好像妇人面对打折一样疯狂。但是，巴菲特却在这个时候将手中的所有持股毫不犹豫地抛出，有很多人都很奇怪，为什么要在这个时候抛出呢？甚至有些人认为巴菲特是傻子，放着大把的钞票不赚。但是很快，当人们还没有忘记当年巴菲特"愚蠢"行为的时候，在 1973 ~ 1974 年，美国股市出现崩盘，很多人赔得血本无归。可见，投资的时候把握时机是多么的重要。

为什么巴菲特会有这样的举动呢？因为他知道，正确的投资方法是在所有人都开始疯狂地抛出股票的时候跟进，而不是在人们都买进股票的时候跟进。纵观巴菲特的投资历史，他所有成功的投资几乎都是在股价跌到谷底的时候买入的。他的很多成功的投资案例至今仍为人津津乐道，比如，1966 年熊市来袭的时候大举买入迪士尼的股票、1973 年买入华盛顿邮报、1987 年买入可口可乐等。

这就是一个聪明的投资者该有的认知，他们绝对不会跟风般地买进热门股，因为热门股票的股价在人气比较旺的时候，通常都是比较高的。巴菲特的经历告诉我们，如果想要投资一家企业，要耐心地等到那家企业的股票变成冷门的时候再买入，这样就相当于为自己买到了这种股票最大的上涨空间，就好比在抛物线的低谷时买入，在抛物线上升到最大值的时候抛出，其中的利润才是最大化的。

巴菲特曾经把选股比喻成射击大象——投资人要选择的应该是一头很大的大象。但是，在选择到合意的大象之前，投资者首先做的就是要把自己的猎枪上好子弹，如果等到大象出现的时候再准备猎枪，那就为时已晚，最后只能看着大象在自己面前走过而束手无策，错失了这次良机。也就是说，投资者任何时候都要准备好现金，等待投资机会的来临。就如同巴菲特一样，在美国股市飙升的时候就大量累积现金，当股市下跌的时候就毫不犹豫地投资。正是因为把握住了投资的好时机，巴菲特几乎每次都能赚得盆满钵满。

时机的重要性

做事情一定要把握好时机，时机是最重要的因素。就像我国古人常说的，做事情要讲究天时、地利、人和。有时候，时机稍微一变，整个事情就发生了偏差，这种偏差有大有小，可是一旦错失良机，原本能有一个好结果的事情可能就会演变成一件坏事。

　　在 1992 年，巴菲特的大儿子霍华德辞去了行政专员一职，接受了美国决策公司（ADM）主席迪威尼·安德鲁斯下属公司副主席以及主席助理这一工作。"这是一个很重大的决定。这可能是我一生中做出的最大的一个决定了。"霍华德这样说。当然，霍华德在做出这一决定之前征求过父亲的意见。巴菲特认为，儿子能得到这个工作是一个"千载难逢的机会"，并鼓励儿子抓住时机，大胆做出自己的决定。

　　其实，霍华德的做法也是一种人生的投资。行政专员这个工作当时被很多人羡慕，辞去这个工作本身就充满了风险性，但是霍华德有自己的想法，ADM 公司是世界上农产品、储运和全球贸易的大型国际公司，能够在这个公司任职，对于热衷于农业的霍华德来说无疑是向自己的理想更加迈进了一步。所以，对于自己的"投资"，霍华德显然是很满意的，就像他说的那样："能得到在他手下工作的机会，就像是一个喜欢做投资的人能够在我父亲手下工作一样。"

就像巴菲特投资股票的时候总能把握好时机一样，霍华德也把握住了自己人生中的这次投资！人生往往充满了各种转折，这些转折就是我们的给予，正所谓"机不可失，时不再来"。投资一定要把握好时机，不管是商场中的投资，还是人生中的投资，把握好了时机，就相当于抓住了成功的尾巴。

第六节　懂得放长线钓大鱼

如果你要想从投资中真正获得利益，就必须要学会放长线钓大鱼。

——巴菲特

将眼光放得长远

关于自己的投资经验，巴菲特曾经总结了这样一句话："选择少数几种可以在长期拉锯战中产生高于平均收益的股票，然后把你的大部分资金集中在这些股票上，不管股市短期的涨跌，坚持持股，稳中取胜。"巴菲特做的是长期的投资，他从来不做短期的买卖，因为短期频繁的买入卖出赚钱始终不是一个长久之计，而依靠股票长期的升值才能获得更大的利益。曾经，他总结了两条自己的投资原则：第一，你买的不仅仅是股票，更是一家公司；第二，如果你不想持有一只股票十年的时间，那么你就不要持有它十分钟。

放长线钓大鱼，是巴菲特的投资理念之一。他认为，市场上不会存在毫无价值的股票，有些人之所以认为有些股票没有投资价值，那是因为他脱离了整体看问题，只看到眼前的情况，而没有从内到外、由远及近地分析问题。这样就产生了认知上的偏差。如果你肯花时间、花精力，将每只股票都放到长远的时间范围内去考虑，就会发现它们真正的价值所在。而正是投资中一些急功近利的心态降低了收益的机会。

禅宗打破了生死的界限，在一个漫长的没有边际的时间里去看待生命，他们看到了生命的轮回，看到了前世、今生和来世，所以，他们常常能够从寻常的事物中发现普通人无法发现的价值和哲理。而在投资过程中，将每只股票都放到长远的时间背景下研究，这就是"放长线钓大鱼"的理论基础。因为只有将目光着眼到全局，我们才会发现它们潜在的在未来的收益。就像巴菲特说的那样："投资者应该考虑企业的长期发展，而不是股票市场的短期前景，价格最终将取决于未来的收益。在投资过程中，如同棒球运动那样，要想让记分牌不断地翻滚，你就必须盯着球场而不是记分牌。"

可口可乐是巴菲特成功的投资案例之一。1919 年，可口可乐公司正式上市，那时候它的价格是每股 40 美元左右。一年以后，可口可乐的股价降了 50%，降到只有每股 19 美元，如此大的跌幅在很多人看来都是场严重的灾难。几年以后，又由于第二次世界大战、世界核武器竞赛等原因，美国经济出现大萧条的景象。在整个过程中，很多人因为这样那样的原因而放弃了投资它的选择。巴菲特却在 1988 年果断投资了 13 亿美元购买可口可乐的股票，并坚持长期持有。很多人不理解他的这种行为，但是巴菲特认识到，可口可乐卖的不是饮料而是品牌，品牌是很难被击倒的。同时，管理可口可乐公司的是在全世界都十分有名的天才经理人，他主张卖出一罐可口可乐只赚半美分，但是可口可乐公司一天就会有 10 亿罐的销量。

巴菲特"放长线钓大鱼"的投资理念并非是没有条件的，它的前提是正确地选择投资对象，充分了解自己想要投资的企业，不熟的企业和领域绝对不会投资。职场中有句俗话说："高层领导做正确的事，中层领导正确地做事，基层领导把事做正确。"所以，正确选择的重要性可见一斑。正确的选择必然会导致正确的结果，但是这个结果是未来发生的事情，至于什么时候发生没有人知道，而且也并不重要，它的成就取决于投资者怎么去推动它。所以，巴菲特在谈到自己如何选择股票的时候说："一个杰出的企业可以预计到将来可能会发生什么，但是不一定会准确到何时会发生。因此，投资的重心需要放在正确的判断上，而不是何时上。"

长远目光是人生的风向标

巴菲特在指导自己的儿女投资的时候经常说，如果你要想从投资中真正获得利益，就必须学会放长线钓大鱼。频繁地买入卖出只是孩童的小打小闹，不会获得什么太大的收益。正确地选择股票，然后坚持长期持有才是一个明智的投资者的做法。巴菲特的三个儿女中，要数霍华德在投资方面比较有经验。鉴于父亲的教导，霍华德也坚持长期持有可口可乐和其他几个公司的股票，不被一时的利益所诱惑。纵然不像巴菲特那样大赚，这些长时间的持有也让霍华德积累了丰厚的资本。

巴菲特曾经说过："如果我们有坚定的长期投资的期望，那么短期的价格波动对我们来说就毫无意义。除非它们能够让我们有机会以更便宜的价格增加股份。"

"放长线钓大鱼"是巴菲特的投资理念，也正是投资者应该学习和掌握的投资技巧。

第七节　学会理性地规避损失

投资的第一条准则是不要赔钱；第二条准则是永远不要忘记第一条。

——巴菲特

规避损失才能获得圆满胜利

在投资界有一大特点——如果你输了 20％，你必须要赚回 25％才刚好回本；如果你亏了 50％，那你就必须赚回 100％才能回本。巴菲特之所以能够在投资领域驰骋几十年，也恰恰是由于他非常清楚地认识到了这一点。

巴菲特经常会把这样一句话挂在嘴边："投资的第一条准则是不要赔钱；第二条准则是永远不要忘记第一条。"不赔钱，成了巴菲特投资的底线，也是他头脑中深刻的观点。在 1965 ～ 2006 年，虽然经历了 3 个熊市，但他的伯克希尔·哈撒韦公司却始终保持年收益在 23.5％以上。

如果你头脑中永远保持着对赔钱的高度警觉，那么即使在熊市中，它也仍然能够让你保持着清醒的头脑，顺利地规避股票投资的损失。在这一点上，格雷厄姆、费雪和凯恩斯这三位投资大师对巴菲特的影响非常大，是他们点亮了巴菲特走向成功的明灯。

格雷厄姆本身拥有一套行之有效的投资策略来规避损失、增加收益，他注重对企业进行数量分析，并且建立了完整的投资分析模型。他认为，投资者应当更多地关注投资的时机，尽量选择企业的投资价值被市场低估的时候买入。他之所以能有这种结论，是因为他有这样一个观点：市场绝对不能够精确地衡量出企业的价值。因为每个人的投资决定都包含了合理性和感性双重成分，这就往往导致股票的市场价格与企业本身的价值具有很大的差距，而这恰恰就是投资的真正赢利点，投资者要在市场价格远远低于企业内在价值的时候进行投资，然后等待价格的回升。他的投资策略可以概括为三点——坚持理性投资，确保本金安全，以可量化的内在价值为选股依据。格雷厄姆认为，投资者应当更多地关注投资的时机，尽量选择企业的投资价值被市场低估的时候买入。

学会及时止损

还有一位对巴菲特的投资产生了重要影响的人物——凯恩斯。他是一位著名的宏观经济学家，同时也是一位出色的投资家。他认为，成功的投资者的智慧并不在于他用什么方法预测到了投资的收益，而在于他能够不失时机地把不好的东西、不好的结果推给别人，投资者对所要投资的股票不但要认真筛选，关键是要将数量控制在一定的范围之内。

所以，纵观巴菲特 40 多年的投资生涯，不难发现他是一个真正有智慧的人。人生就好比投资一样，我们每个人的人生成本都是有限的，想要达到自己的目标，就必须尽量少走弯路，才能减少我们人生的损失，才能让我们更有精力和时间去实现自己的人生梦想。所以，学习他人的成功经验是帮助我们规避损失的一个很好的方法，通过学习别人的成功经验，我们就可以用更少的时间和精力做出更多的正确的事情，我们就能够更容易接近成功。

　　拥有一双发现榜样的眼睛，具有一个学习智者的头脑，这些让巴菲特在投资的领域如鱼得水。其实，不仅是在投资中。如果我们拥有了巴菲特的这种智慧，坚持理性的头脑，都会获得属于自己的成功。

第 5 章

你不理财财不理你——巴菲特谈理财

个人理财或者个人财务策划在西方国家早已成为一个热门和发达的行业。在一些发达国家，个人收入一般包括工作收入和理财收入两个部分，在一个人一生的收入中，理财收入占到一半甚至更高的比例，可见理财在人们生活中有着不可替代的作用。

第一节　不要小看每一分钱

真正的好管理者不会在早上醒来后说"今天我要削减成本"，这无异于起床之后再决定去呼吸。

——沃伦·巴菲特

理财，从一分钱做起

要学会理财，首先就要有正确的金钱观念。俗话说："聚沙成塔，集腋成裘。"要想积累财富，就要从重视、积累每一分钱开始。古人常说："一分钱难倒英雄汉。"有时候一分钱也能起到巨大的作用。

在前文中我们提到过，巴菲特自小就对数字非常敏感，这一点对于任何一个商人来讲都是很重要的天赋。据他的姐姐多丽丝·布赖恩特回忆："他的第一个玩具，也是他最喜欢的玩具之一，就是一个绑在手腕上的金属货币兑换器。他非常喜欢这个玩具，经常在上面指指点点，就好像一个忙着计算汇率的商人。"

姐姐说得一点不错，巴菲特在小的时候非常喜欢四处走动兑换零钱，他对兑换零钱的过程和拥有金钱的感觉非常着迷。做数学计算题，特别是涉及用极快的速度计算复利利息的题目，是巴菲特从儿童时期就非常喜欢且全心投入的一种娱乐方式。

5 岁的时候，巴菲特开始卖口香糖，在那时候，他就显示出做生意的原则性。当时巴菲特的爷爷在奥玛哈经营一家超市，所以他就从爷爷那里批发货物。每天，他都把赚到的每一分钱都记录在一本小小的紫红色登记簿上，这是他人生的第一本账本。

到了9岁，巴菲特和他小时候的玩伴拉塞尔在加油站的门口数着汽水售卖机里出来不同汽水的瓶盖数。或许有的人会说"这个多无聊啊"，但是不要小看这个举动，因为他们是在做市场调查，他们想知道哪一种饮料的销售量最大。统计出结果后，巴菲特就从他祖父的超市买来最畅销的汽水在炎热的夏季挨门挨户地去叫卖。

巴菲特一直注重培养孩子的理财观念。大儿子霍华德退学当农民以后，巴菲特将自己的农场出租给他，并要求他每月按时交租金给自己。这种做法在很多人看来也许太不近人情了，怎么能跟自己的儿子收租金呢？况且巴菲特这样富有，难道还会在意自己儿子的那点租金？但是，巴菲特却不这么认为。他觉得，这种不近人情的做法不仅能锻炼儿子自理自立的能力，而且能让他认识到财富对于一个人事业的价值，让他懂得珍惜每一分钱。

巴菲特的小儿子彼得在斯坦福大学毕业以后，为了实现自己的音乐梦想到旧金山闯天下。刚开始的时候，巴菲特几乎没有给予儿子金钱上的资助，因为他想让儿子通过自己的亲身经历懂得金钱的重要性，珍惜每一分钱，并能够创造财富。所以那个时候，彼得全靠打工挣钱养活自己，由于收入不高，彼得只能住在一个放了乐器之后已经没有多少空间的小公寓里。不过对于父亲的这种做法和良苦用心，彼得是非常认可的，他很明白父亲这样做让他能够克服早年闯荡的艰辛。

树立正确的金钱观

我们每个人都有自己的梦想，也都渴望拥有财富，并且都想找到一条获得巨大财富的捷径，这是人之常情。但是，这捷径不是一夜暴富，不是一蹴而就，也不是天上掉馅饼，这捷径就在我们的身边，那就是勤于积累，看重每一分钱，珍惜每一分钱。或许很多人认为，这样一分一分的积攒，就算积攒一百年又能有多少钱呢？的确，这种方法不会让我们得到很多的财富，但是这种对待金钱的理念才能让财富离我们越来越近，让我们的金钱积攒得越来越多。

在一定意义上说，珍惜每一分钱就是珍惜自己的人生，每当我们忽略一分钱的时候，我们的人生就会因为这一分钱而浪费时间、精力，也就意味着我们离财富更远了一步。所以，请一定要重视每一分钱，因为一分钱也是钱，它是巨额财富的一部分。

第二节　不要幻想一夜暴富

赚钱不是明天或者下个星期的问题，你是买一种 5 年或 10 年能够升值的东西，有多少人希望尽快的发财致富，我不懂怎样才能尽快赚钱，我只知道随着时日增长我才能赚到钱。

——巴菲特

财富是积累而成

在 2009 年春节联欢晚会上最吸引观众的节目，应该是赵本山和小沈阳等人表演的小品《不差钱》，其中赵本山老师那句关于生命和金钱的调侃式的结论可谓经典之极，几乎每个人都能倒背如流。在春晚火了之后，网络上以赵本山老师的那句话为蓝本的网络用语也跟着火了起来，比如，有些股民就总结出了这样一段话："人生最痛苦的事是，大盘涨了，我的股票没涨；人生最最痛苦的事是，大盘跌了，我的股票没了。"这句话简直成了很多股民的真实写照。

很多个人投资者在投资股票的时候，往往喜欢急功近利、追涨杀跌，希望在其中赚取差价。同时，为数不少的投资者都做着一夜暴富的美梦，希望自己能遇到一个"天赐良机"，一夜暴富。

但是，在投资理财的过程中，一夜暴富的思想是最不可取的，也是最让人吃亏的。巴菲特曾经这样说过："赚钱不是明天或者下个星期的问题，你是买一种 5 年或 10 年能够升值的东西，有多少人希望尽快地发财致富，我不懂怎样才能尽快赚钱，我只知道随着时日增长我才能赚到钱。"

另外，作为一个出色的投资者，巴菲特不按常理出牌的投资习惯在投资市场上已经成为他的一个显著风格。通常在其他人都疯狂投资，一致看好的情况下，巴菲特反而显得非常冷静。在牛市中，巴菲特从来都不贪心，赚到他认为已经足够的钱以后，他会立刻退出，毫不犹豫。然而，戏剧性的场面出现了，在巴菲特退出后不久，股市总是会急转而下，很多"贪心"的人毫无悬念地被套牢，很多人一夜暴富的梦想也最终破灭。

做金钱的主人

中国有句古话："少则得，多则惑。"无外乎就是道出了这个真理——少取反而能多得，贪多反而会迷惑。这句话用在那些过于贪心，总是希望能够一夜暴富的人身上再恰当不过了。然而，正是因为他们的贪婪迷惑住了他们的双眼，让他们在诱惑面前失去了自己的理智和冷静，最终不仅没有获得财富，反而失去了更多。

任何事情都不是一下子就能够成功的，积累财富也是这样，永远都不要奢望自己能一夜暴富，再多的财富也是一点一滴积累起来的。通过分析，我们可以发现，巴菲特投资的每一只股票在他手中持有的时间几乎没有低于 8 年的，他每次都是将这些股票长期握有，从中获得利润。他曾经说过："短期股市的预测是毒药，应该把它摆在最安全的地方，远离那些在股市中的行为像小孩般幼稚的投资人。"所以，只有脚踏实地、认认真真地分析每一次投资，把每一笔投资做好，才是真正地积累财富的正确方法。

那么该如何积累财富，如何选择股票呢？巴菲特也有自己独到的看法，他曾经告诉投资者：第一，去学会计，做一个聪明的投资者，而不是一个冲动的投资者。会计是一种通用的商务语言，通过会计财务报表，聪明的投资者会发现企业的内部价值。第二，要培养自己的阅读习惯和阅读能力。巴菲特一直坚持"只投资自己看得明白的公司"。他认为，如果一个公司的年报表让他看不明白，那么这家公司的诚信度就值得投资者怀疑。第三，要有良好的心态。不管面对什么样的情况，都应该坚信自己的选择，不要轻易买入或者卖出。

所以，投资也好，理财也罢，都不是能够一夜暴富的方法，脚踏实地最为重要，就像美国注册金融理财师唐绍云曾经说过的那样："掌握正确的投资理念和投资方法是老百姓成功投资理财的根本之策。投资者应该树立一种科学的、合理的投资理念。"

第三节　储蓄是理财计划的基础

　　投资的同时一定要注重储蓄，投资与储蓄高效并行，才能使自己的投资更加安全，创造更多的财富。

——巴菲特

储蓄是理财的必要一步

　　我们都希望投资积累更多的财富，可是在面对变幻莫测的投资市场的时候，我们的投资时刻都面临着风险。那么在投资的过程中，我们最关心的问题就是如何才能规避风险，如何才能提高自己抗风险的能力。巴菲特曾经提出，投资的同时一定要注重储蓄，投资与储蓄高效并行，才能使自己的投资更加安全，创造更多的财富。

　　无独有偶，美国学者托马斯·史丹利的一项调查也证实了巴菲特这一理财观念的正确性。他曾经调查过上万名百万富翁的理财方式，他们中的绝大多数人积累财富都是从储蓄和省钱开始的。其中大约有七成的富翁每周工作 55 个小时，但他们仍然要抽出时间来为自己的理财做规划。这些富翁中很多人一年的生活消费仅占他们总财产的 7% 以下，即使他们没有工作收入，依靠自己的储蓄过日子，平均也能维持 12 年这样的生活。

相信这项调查结果值得我们每一个人深思，即便是百万富翁，他们也都那么注重储蓄，花费时间专门为自己做详细的理财规划，那么我们就更应该养成储蓄和为自己制作理财规划的好习惯。有人说，理财不仅仅是投资，更是一个人循序渐进地养成"赚钱、存钱、省钱、钱生钱"的好习惯的过程，这些好习惯可以帮助我们把自己的投资、生活经营得更好，让自己的收入不断地增加。

美国理财专家柯特·康宁汉曾经说过："不能养成良好的理财习惯，即使拥有博士学位，也难以摆脱贫穷。"所以，一个良好的理财习惯对于投资者而言是至关重要的。纵览世界上著名的亿万富翁，无一不是精明的投资家，他们都是通过投资与储蓄并行的方式积累财富的。

巴菲特曾经在自己的一本著作中说，他从 6 岁开始储蓄，每个月存 30 美元，到 13 岁的时候，他积累了 3000 美元。然后他用这些钱购买了一只股票，并且年年坚持储蓄，年年坚持投资。几十年如一日，现如今巴菲特成了美国首富，这条理财存储之路，他坚持到了 80 岁，并且将一直坚持下去。

储蓄是最基础的保障

巴菲特认为储蓄是投资的保障，它可以增强投资者在投资过程中抗风险的能力，也就是说，它是每个投资者的后路。每个投资者都应该养成储蓄的好习惯，只有这样，才能让自己的投资更加有保障，才能保证不断扩展自己的投资，保障自己能够投资更好的、价值更高的股票。在一定意义上说，储蓄是守，而投资是攻，只有攻守结合，才能在投资这场大战中保证自己的资金安全，获得更大的收益。

　　巴菲特的大儿子霍华德在自己 32 岁的时候用父亲给自己的资金买了一台推土机，开始了自己从事农业的道路。那时候他的梦想是能够拥有一个自己的农场。但是，当他买完了推土机以后几乎没有多余的钱来买任何东西，这个现状让他觉得，现实和梦想的差距太大了。后来他央求父亲巴菲特为他购买了一家农场，但是，他要求霍华德将自己农场 20% 的收入作为租金支付给自己。要实现自己的梦想，同时还要支付农场的租金，面对这个巨大的资金压力，霍华德感到很为难。父亲就建议他购买一些股票，同时，巴菲特教导霍华德要注重投资和储蓄并行的理财方式。不要只注重投资而忽视了储蓄，更不应该只注重储蓄，投资和储蓄应该相辅相成，互相促进，这样才能快速有效地积累财富。霍华德听从了父亲的教导，投资的同时不忘储蓄，并不断地利用储蓄扩大投资。很快，霍华德便积累了一笔不小的财富。

　　巴菲特还提出，在采用投资和储蓄并行的理财方式的同时，还应该注意省钱。生活节俭，注重节约是每个投资者都应该具备的好习惯。

　　全球投资之父、历史上最成功的基金经理约翰邓普顿曾经说过："财富源于储蓄。"不注重储蓄的理财方式是无法有效地积累财富的，而不注重储蓄的投资就像无水之源、无本之木，是不会有好的前景的。所以，在我们的理财过程中，一定要注重投资与储蓄的高效并行，投资和储蓄，坚持两手抓，两手都要硬，这样才能稳妥地走在创造财富的道路上。

第四节　把鸡蛋放在一个篮子里

把所有的鸡蛋都放在同一个篮子里，然后小心地看好它。

——巴菲特

不要分散精力和财力

人们常说："不要把所有的鸡蛋放在同一个篮子里。"而在投资业内，这也是大家常听到的一句话。鸡蛋是易碎的东西，放在一个篮子里很有可能因为一不小心就把一整篮的鸡蛋都打碎了。所以，要分别放在多个篮子里，这样就会降低鸡蛋被打碎的风险。可是对于这样的说法，巴菲特却并不赞同，他主张"把所有的鸡蛋都放在同一个篮子里，然后小心地看好它"。因为投资的风险比较高，"把鸡蛋放在多个篮子里"的做法表面上看是分散了风险，但实际上风险并没有减少，只是被分摊了，而有时候甚至会增加。反之，"把鸡蛋放在同一个篮子里"的做法往往会因为投资额的增加而相应提高了资金抗风险的能力。

与"把鸡蛋放在一个篮子里"这一通俗说法相对应的经济学术语叫作"集中资金"，也就是说，投资者投资时，必须对所投资的企业有充分的了解，在这个基础上，选择少数的但可以在长期拉锯战中产生高于平均收益的股票，然后将自己的大部分资本集中投资在这些股票上，接下来不管股市短期涨跌，都要坚持持股，以达到稳中取胜的结果。

巴菲特经营的伯克希尔·哈撒韦公司有一条重要的投资理念——一

有机会就全力投注。其实，早在 60 多年前英国著名经济学家凯恩斯就提出了类似集中投资的理念，但是这种思想却长期被华尔街的投资者所忽视，不过巴菲特却一直坚持集中投资的主张和做法。

从巴菲特的投资经历来看，他的许多做法都与当时的主流投资观点相违背，"把鸡蛋放在同一个篮子里"就是其中之一。可是通过各种事例表明，巴菲特的这种做法并不是轻率的决定，不是想做到与众不同、标新立异，他的这些投资方法都是在分析总结经验和市场数据的基础上得出的。

理财里同样需要"专一"

巴菲特一次次投资的大手笔让世人看到了世界"股神"的智慧和魄力，当然，他采取这种方法也需要足够的勇气，必须要坚信自己的投资方法能够战胜大市，这就如同巴菲特曾经说过的那样："对你所做的每一笔投资，你都应该有勇气和信心将你的净资产的 10% 以上投入其中。"他的同事蒙格也说过："从玩扑克牌中你就知道，当你握有一手非常有利的牌的时候，你必须下大赌注。"巴菲特认为，"把所有的鸡蛋放在多个篮子里"的投资方法，即把资金投到多家公司的做法只会降低投资的收益率并且增加风险。

这个道理适用于投资理财，也适用于人生的投资。一个人的一生应该为自己设定好属于自己的目标，但是有的人为自己的人生设定了一个大的目标，有的人为自己设定了很多目标，或者有的人每天都要变换自己的目标。但在巴菲特看来，那些为自己的人生设立很多大目标和那些每天都要变换自己的人生目标的人都是不明智，甚至是不清醒的，这些人几乎都无法完成自己的目标，只有设定了一个目标并且为之努力的人才有可能真的成功。

俗话说"常立志不如立长志"，人的一生有一个大的目标就可以了。巴菲特的大儿子和小儿子都分别有自己的人生目标——做农民和做音乐人。当他们对父亲说到自己的人生目标的时候，巴菲特一再地要求他们确认，他们这样的人生理想是不是一定会坚持下去，当最后都得到了肯定的答复的时候，巴菲特才放下心来，鼓励孩子们去努力实现自己的理想。

我们需要不断地学习、积累经验，当我们具备了长期投资的眼光以后，就可以采用巴菲特主张的"把鸡蛋放在一个篮子里"的投资方式进行投资理财。这样的方法既减少了投资的风险，又能增加投资收益，是每个人都应该学习的投资理财方式。

第五节　智者懂得用钱生钱

富人钱生钱，穷人债养债。学会赚钱，才是最好的攒钱的方法。"用钱生钱""鸡生蛋，蛋生鸡"。

赚钱最需要的就是动脑筋

曾经有一本名为《赚至 1000 美元的 1000 招》的书，可以说这是引导少年巴菲特走向投资市场的一个桥梁。在这本书里，有大量实用的商业建议和赚钱的点子，其中最吸引巴菲特的一个赚钱方法就是"利用称重器赚钱"。就是指投资者首先要买一台称重器，然后就可以坐收称重器带来的利润了。这几乎不需要花什么力气和大的资金投入，而且赚到的钱会越来越多。

这个方法深深地触动了巴菲特，因为这本书，他开始坚信自己一定能赚 1000 美元。然而，他并不满足于 1000 美元的收益，他甚至想，如果以 1000 美元起家，每年增长 10% 的话，十年内，这 1000 美元将变成 2500 多美元；25 年内，将超过 10800 美元。这个想法让巴菲特激动万分，他仿佛看到了自己变成富翁的那一天。但是，巴菲特又觉得称重器对人们的吸引力似乎还不太大，有谁愿意天天都来称体重呢。于是，他冥思苦想，希望能找到一个比称重器更加吸引人、更能够赚钱的方法来。

有一天，巴菲特到他的高中同学丹利家玩儿，丹利让巴菲特玩他新买的弹珠游戏机。体验到弹珠游戏机的魅力的巴菲特突然有了好主意——弹珠游戏机的吸引力可比称重器大多了，为什么不试着用它来赚钱呢？于是，巴菲特把自己想用弹珠游戏机赚钱的想法告诉了丹利，并希望丹利能跟自己合作。丹利听了之后，也觉得巴菲特的想法很不错，于是两个人马上买来了游戏机，开始了他们的赚钱的新途径。不到一个星期的时间，他们便赚回了买游戏机的本钱，等钱再赚得多一点的时候，他们又继续投资，来增加游戏机的数量。

就这样，不到一个月的时间，他们的游戏机数量已经增加到了 8 台。巴菲特见自己的生意越做越大，于是又开始动了新的脑筋。他们成立了一个公司，巴菲特任公司的董事长兼总经理，并担任财务总监，负责记账，丹利任技术总监，负责选购游戏机和游戏机的日常维修工作。两个人分工合作，一起赚钱。

在此之后，巴菲特就当上了老板，不管白天晚上，他的游戏机都在不停地给他赚钱。这让巴菲特认识到了资本的神奇力量，如果采用恰当的手段，钱就能够生钱，这就好比雪球从山上滚下，会变得越来越大一样，钱生钱，生出的钱又会再生钱，如此循环下去，小钱就会积累成大财富。

所以，在以后的生活中，巴菲特不仅不断地将"用钱生钱"这一方法运用到自己的投资经营中，而且，他还让自己的子女在实践中学会了这个方法——用钱生钱，把小钱变成大钱。

巴菲特的赚钱智慧

巴菲特的小儿子彼得决定做自由音乐人的初期阶段，收入很不稳定，有的时候可以一下子获得上万美元的酬劳，有的时候却一次只能挣到一两千美元。而且，这种收入并不总是能按时得到，所以彼得非常担心自己的生活，那时候他常常这样想，"我常常担心第二天早上桌子上是否还有面包。"

可就是在这样的境况下，巴菲特也几乎从未给过彼得金钱上的资助。有一次，彼得实在没有钱了，只好向父亲开口借钱，却被巴菲特拒绝了。那个时候，彼得很伤心，他觉得父亲太绝情了。可后来他回忆这件事情的时候，却说很感谢当初父亲那么做，因为有了那些艰苦岁月的经历，他才懂得了怎样通过自己的努力去赚钱，怎样把小钱变成大钱，然后用赚到的钱来帮助自己进一步实现理想。彼得说："从父亲那里学到的那些人生经验，是父亲

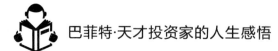

给我的最大的资产，足以让我受用终生。"

"富人钱生钱，穷人债养债。"学会赚钱，才是最好的攒钱的方法。"用钱生钱""鸡生蛋，蛋生鸡"，其实所有的大富翁都是这样炼成的。拥有金钱不是真正和永恒的富有，要想真正、永恒的富有，就要学会赚钱的方法——让钱为我们服务，为我们创造更大的财富！

第六节　理财的真经就是坚持

财富就在你面前，它喜欢和勤快的你交朋友，会理财，一分钱也能够演变成数百万。

坚持就是胜利

"你不理财，财不理你！"这是现在非常流行的一句话，也是很多人为了激励自己所说的一句话，但这绝对不是一句空话，因为世界"股神"巴菲特的人生经历为我们印证了这句话的正确性。

1930年8月30日，沃伦·巴菲特出生于美国内布拉斯加州的奥马哈市，从他刚懂事的时候，做钱的计算就是令他废寝忘食的一种消遣，也是他最喜欢的一项娱乐游戏。他满肚子都是挣钱的方法——5岁时就在家中摆地摊兜售口香糖；6岁的时候，就开始卖可口可乐；9岁的时候，巴菲特从他祖父的食品店买来最畅销的汽水在炎热的夏季挨门挨户的去叫卖；10岁时他每天早晨发送500份报纸；稍大后他带领小伙伴到球场捡用过的高尔夫球，然后转手倒卖，生意颇为红火；上中学时，除利用课余做报童外，他还与伙伴合伙将游戏机出租给理发店老板，挣取外快。

与之相对应的，就是巴菲特的收入，也是他逐渐改变自己理财和赚钱的方式——8 岁时开始阅读父亲留在家里的有关股市的书籍；11 岁时就开始小规模购买股票；13 岁那年，巴菲特就因送报纸而有 1000 美元的收入；15 岁那年，他花 1200 美元买下了一个荒废的农场并租给他人；16 岁那年，巴菲特与一位 17 岁的朋友花 350 美元合买了一辆旧轿车，然后出租；16 岁高中毕业那年，他已经积累起 6000 美元的资产；20 岁的时候约有 1 万美元。

百万富翁也要持之以恒

真正让他人生发生改变的是在 1956 年，那一年巴菲特 25 岁，他创建了巴菲特合伙公司，这个小小的、只有 7 个有限责任合伙人的公司里有 4 个家庭成员、3 个挚友。而巴菲特合伙公司的启动资金是 10.5 万美元，巴菲特出资 100 美元。他对投资者们说："我会像经营我自己的钱一样来经营好大家的钱，不管亏本还是赢利，我都有份。但我不想告诉你们我在做什么。"

之后，巴菲特从超过 6% 的收益中获得 25%，在经营合伙公司的过程中，巴菲特发了家。随着公司的发展和壮大，有越来越多的资金加入了合伙公司，仅仅一年的时间，也就是 1957 年，合伙公司资产为 30 万美元，当年盈利 10%，而同期道·琼斯下跌了 8%。

在巴菲特 31 岁时，他已经成为百万富翁。在 1957 ~ 1962 年这五年的时间里，巴菲特合伙公司以 26% 的收益率年年超过道·琼斯指数，

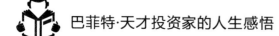

并且从来没有亏损过，成为一个奇迹。1962年，巴菲特着手购买一家纺织厂的股票。1964年，巴菲特的个人财富达到400万美元，而他掌管的资金已高达2200万美元。到了1965年，巴菲特获得了伯克希尔哈撒韦的控股权，同年，合伙公司的资产达到了2600万美元。虽然巴菲特曾对合伙者们说，他的目标是以10个百分点的优势击败道琼斯，但是实际上，他以超20%的优势击败了它。

1966年春，美国股市进入了我们常说的牛市，看着股票价格不合常理的上涨，巴菲特却坐立不安，尽管他的股票都在飞涨，但巴菲特却发现很难再找到符合他的标准的廉价股票了。虽然股市上疯行的投资给投机家带来了横财，但巴菲特却不为所动，因为他认为股票的价格应建立在企业业绩成长而不是投机的基础之上。1967年10月，巴菲特掌管的资金达到6500万美元。

1968年，巴菲特公司的股票取得了它历史上最好的成绩——增长了46%，而道·琼斯指数才增长了9%。他手中掌管的资金上升至1亿零400万美元，其中属于巴菲特的有2500万美元。在1968年5月，当股市一路凯歌的时候，巴菲特却出人意料地通知合伙人——他要隐退了。巴菲特断定再也发现不了真正的价值，于是决定解散合伙公司。1969年6月，股市直下，渐渐演变成了股灾，到至1970年5月，每种股票都要比上年初下降50%，甚至更多。

1970～1974年，美国股市就像个泄了气的皮球，没有一丝生气，持续的通货膨胀和低增长使美国经济进入了"滞涨"时期。然而，一度失落的巴菲特却暗自欣喜异常，因为他看到了财源即将滚滚而来——他发现了太多的便宜股票。

纵观巴菲特这一路飘红的投资征途，我们不难看到，巴菲特始终对理财保持着执着的追求，不论股市好与坏，他都能从中获利。你不理财，财不理你，所以，巴菲特拥有数百亿美元的财富，可不是一日之功。天上不会掉馅饼，坐等财富不会来。巴菲特能够成为屈指可数的富豪，与他从小就具有的理财理念是完全分不开的。其实财富就在你面前，它喜欢和勤快的你交朋友，会理财，一分钱能够演变成数百万；不会理财，数百万会演变成一分钱。财富的取舍往往仅有一步之遥。

第七节　果断止损，更正投资错误

止损的关键之处就在于它能够使投资者以尽可能小的代价来获取尽可能大的利益。

——巴菲特

认识错误才能止损

炒股如何防止自己的失败，其实没有别的办法，就这一招——果断止损，及时纠正投资错误止损，这也是股市投资中人人皆知的为了控制或减少投资损失的操盘手段。与人们一般理解不同的是，巴菲特是从战略的高度上去理解和运用止损手段的，这与投机性有本质区别，也显示了他高超的水准。巴菲特一方面不会因股票的一时涨跌而匆忙止损；另一方面，一旦发现自己做出错误决定后，不管市场表现如何，都会坚决出手。

巴菲特很清楚这样一个算术公式：如果你投资 1 美元，赔了 50 美分，那么你手上就只剩了一半的本金，在这种情况下，除非有百分之百的收益，你才能回到起点。所以他告诫投资者最好别赔钱。

怎么样才能做到不赔钱呢？"那就必须设立止损点，最大限度保住胜利果实。无论你在一笔投资中投入了多少时间、精力和金钱，如果你没有事先确定退出的策略，一切都可能化为乌有。"沃伦·巴菲特如是说。

什么叫作止损点？这是在实际操作中股价处于下滑状态时所设立的出局点位。一般来讲，逢市值上涨时，止损点须及时提高；相反，在市值下降时，止损点可适当降低。对于投资者而言，明确止损点，有备而来，只有做到这些，才可以防患于未然。

投资者设立止损点的目的不是为了少赔钱，而是为了最大限度地保住胜利果实，防范可能发生的市场风险。所以，巴菲特认为，在实际操作中，止损点有一定的缓冲空间。

在2008年，一向百战百胜的常胜股神巴菲特自己总结说："至少犯了一个大错和数个较小的错误。"其中他自认为最愚蠢的举动就是在油价接近历史高位时，买入大量康菲石油股份。一向谨慎的巴菲特当时对石油产品市场的发展前景过于乐观，所以没有预估到石油价格会在这一年大跌。由于他没有及时脱手止损，所以损失惨重，这在巴菲特的投资生涯之中比较少见。他这项投资的失败无疑是受到政治大环境的影响，以及自己过于自信、缺乏对市场发展未来的深入了解。

通过巴菲特的失败，我们得出一个结论，投资者一旦发现自己的买入是一种很严重的错误，特别是选股错误或入市时机错误时，一定要及时止损，这是投资者保护利益损失不再扩大的本能反应。在巴菲特的投资经验中，"止损远比赢利重要，任何时候保本都是第一位。"这是一条必须遵守的投资法则。可是对于普通的投资者而言，在投资道路上总会遇到各种不可测的风险，在这种时候，大多数投资者似乎都会抱着一丝希望，此时的他们往往具有一种赌徒的心态，期待在下一秒钟能够翻盘，可实际上，却要经受更大的损失。事实上，在这种时候正确的做法就是，无论斩仓痛苦有多大，都应坚决退出。如果巴菲特当时不退出，2008年"次贷危机"爆发后，他也许就退不出来了。

意识到犯错误时，毫不犹豫退出

巴菲特说："我从不承认自己是神，因为只有神才不会犯错误。历数我一生的投资经历，失败的教训足以编本书了。"

在巴菲特看来，如果发现自己的投资策略出现失误时，就要及时退出，以防引火烧身。对于这一点，巴菲特非常有感触。尽管在众多的投资者眼里，巴菲特已经被完全神化了，但巴菲特却从来不否认他也有马失前蹄的时候。有时候光有理念是远远不够的，只有付诸行动，才能将止损的威力全部发挥出来。所以，他又提出了止损计划的概念。

究竟什么是止损计划呢？简单来说，就是指在投资者进行一项投资之前，针对此项投资制订出一个止损的计划，并且一定要确保这个计划是在对企业的各方面情况的充分了解的基础上制定出来的。

巴菲特最早投资的伯克希尔棉花制造公司经过他的改革和经营已成为身家达数十亿美元的综合企业。可是在 1987 年美国股市由大牛市转入大熊市的时候，几乎崩盘的局势让许多投资者为此倾家荡产。在此之前，巴菲特早有觉察，并果断抛出手中几乎所有股票，只是由于这是伯克希尔公司的发源地，巴菲特对它怀有深厚的感情，没能及时采取转让资产、抛售股票、关闭工厂的措施，结果资产贬值严重，亏损巨大，达数亿元。

所以，巴菲特把这次教训称为"因怀旧造成的一次重大失误"。

从巴菲特的投资中，我们充分认识到，只有从错误中才能获取投资经验。其实所有的人都运用过这种学习方法——犯很多很多的错误，然后从错误中获取经验。俗话说："亡羊补牢，犹未晚矣。"既然人非圣贤，又孰能无过呢？只要能够及时发现自己的错误，进而采取措施予以修正，同样能达到预期的目的。

综观巴菲特的投资生涯，也有很多投资失败或投资受挫的情况发生，但是，他之所以能将自己的财富积累得越来越多，并非是由于他神机妙算或比别人判断得准确，而是因为他比别人更善于发现自己的错误并及时纠正。在现实生活里，有很多时候并不是我们没有发现错误，而是出现错误后没有从中吸取教训。所以，无论是投资还是工作生活，第一时间发现错误并及时获取经验以指导日后的行动，总是有百益而无一害的。

以平常心态对待错误的止损

"如果在交易中你的止损都是正确的，那就意味着你的每次交易都是正确的，而你的交易如果都是正确的，那又为什么要止损呢？所以，对于错误的止损我们也应该坦然接受。"巴菲特如是说。

在风云变幻的投资市场上，要想做到很好地止损并非一件容易事。因为，事实上，对于每一个投资者来说，在进行股票交易的过程中，对于止损的问题都是摸着石头过河。幸运者会止损成功，不幸运者会止损失败。成功者也只会暗自窃喜而对于为何能够成功却根本一无所知，失败者除了捶胸顿足之外更不会考虑自己错在了哪里。

投资者应该把止损看成是一种寻找获利机会的成本，而错误的止损是交易获利所必须付出的代价，而这之间唯一的区别只在于代价的大小不同而已。因此，投资者要以平常的心态对待错误的止损，才能进行正常的股市交易，并且从中获利。

巴菲特炒股的观点之一是，"一旦你做出了错误的决定，选择了一个不太好的投资目标时，为了减少亏损，就要勇于做主动性的解套。在这方面的止损原则和方式包括做空、换股和捂股，而不是简单的抛售割肉。"

然而由于市场风险是难以预测的，没有哪个投资者能够做到先知先觉，所以投资者一旦发现自己的止损决定做错了时，态度十分重要。有很多人会放不开面子，或者会有极大的心理负担，让他们无法做到及时止损，其实这种负担大可不必有，在任何一项投资当中，即便是错了，只要及时更正，不再坚持错下去，方不至于一败涂地。此外，止损的方式和措施要根据实际灵活运用，而不一定都是斩包割肉。巴菲特有两句名言非常有用。一句是："当你遇到一艘总是会漏水的破船后，与其不断费力气的去补洞，倒不如把精力放在如何换条好船上。"另一句是："在可能的范围内，虽然仍会损失很多收益，但我仍将继续投资于某些交易。因为这种交易至少会部分地免除股市整体走势所带来的影响。"

所以，作为投资者，及时改正错误，虚心向有经验的人讨教，特别是善于借鉴"股神"巴菲特的投资态度和止损方法，就可以保证亏损最小化，赢利最大化，在风险莫测的股市上步步为"赢"。

第6章

不做压力的奴隶——巴菲特谈心态

我们每个人都会面临着来自各个方面的压力，如青少年时期，以学业为主的压力；到成年时期，有工作、家庭与经济方面的压力；到老年，有健康、孤独的压力等。在激烈的社会竞争中，每个人面对压力的态度也是不同的。我们没有办法去选择承受哪一种压力，但我们可以决定用什么样的心态去面对压力，解决压力。

第一节　自强自立，不依赖任何人

左右人生成败的因素不完全是金钱的多少、文化的深浅、社交的广迈，更重要的是自身的修养和人格魅力。

树立正确的人生观、价值观

几乎所有人都知道，沃伦·巴菲特是当今世界屈指可数的富豪之一，可是他的个人生活非常简朴，而且他热衷于慈善事业，这也是他有别于其他富豪之处。有关巴菲特的人格魅力及行为习惯，已有不少的媒体报道和传闻，拿他对子女的教育态度和对子女的影响来举例，更能体现他的人格魅力和高尚之处。

巴菲特的小女儿苏茜在怀孕后想要个大点的厨房，以便孩子出生后可以在厨房里添张桌子。她估算了一下大概要花 3 万美元，这并不是一个小数目。苏茜知道父亲不会为她付钱的，于是她向父亲申请贷款，想能够利息从优，但巴菲特拒绝了，他说："为什么不像别人那样去银行贷款呢？"

当苏茜快生第二个孩子的时候，巴菲特的密友格雷厄姆夫人带着食物来看她，发现苏茜只有一个小黑白电视，她建议苏茜买个大点的彩色的。当苏茜说她买不起时，格雷厄姆夫人很是吃惊——这可是巴菲特的女儿啊！格雷厄姆夫人立即给巴菲特打了个电话。这次巴菲特发了慈悲，总算给他的女儿苏茜买了个像样的电视。不过苏茜感觉生活得很好，她学会了自强自立，从来不对父亲有任何依赖。

巴菲特对女儿那么苛刻，那么对他的儿子会不会有所不同呢？

其实，对于巴菲特的大儿子霍华德来说，靠父亲养活比打仗还难。他曾开办过掘土公司，可惜由于没有什么经验，也没有丰富的投资资金，公司很快就倒闭了。20 世纪 80 年代初，他回到了家乡奥马哈，开始从事房地产业务，但生活依然很艰难。

巴菲特知道霍华德真正感兴趣的是农场。过了一段时间，巴菲特提出了一个在他自己看来最慷慨的建议，他要买下一个农场然后以标准的商业交易形式租给霍华德经营，但霍华德必须把经营农场的部分收入交给巴菲特并承担税收。然而事情并没这么简单，巴菲特根据农场的评估提出了最低的购买价格。霍华德跑了上百个农场，但由于出价太低，只能被人嘲笑并空手而回。他对买农场都绝望了，但巴菲特不肯妥协。最后，霍华德终于在内布拉斯加的蒂卡马哈买下一个农场，总算满足了巴菲特的要求。

可是价格低自然条件就差，霍华德的农场里连电话都没有，每年春秋两季他就带着一家人开着拖拉机种玉米和大豆。但巴菲特是不会和他一起度过这些时光的，霍华德就曾哀怨地对别人说："我不可能让他到这儿来看看庄稼长得怎么样了。"在霍华德经营农场的 6 年里，巴菲特只去了两次霍华德的农场。他对霍华德常说的话就是："把租金拿来，可不要少了！"在买农场的事情过去很久以后，霍华德终于明白了，他的父亲是在用农场教会他做点什么，霍华德知道了许多以前不懂的东西，从此以后霍华德对他的父亲更加尊敬、更加佩服了。

从以上种种来看，巴菲特并没有直接给予子女财产，而是引导他们掌握了一项生存技能，因为生存技能才是享用一生的财富。需要说明的是，巴菲特并不是守财奴，他将自己绝大部分的财产无私地捐给了公益事业。2006 年 6 月 25 日，巴菲特在纽约公共图书馆签署捐款意向书，正式决定向 5 个慈善基金会捐出其财富的 85%，价值大概有 375 亿美元。这也是美国和世界历史上最大的一笔慈善捐款。这一壮举足以证明他的豪迈及人格魅力。

告诉孩子什么是正确的

不少富翁的经历告诉我们，巨额的财富常常是家庭问题的始作俑者。中国的老话是：有钱人家多败子。家庭的财富常使子女失去上进的追求。因为这些富家子弟们会想，我为什么要学一技之长？一技之长能赚多少钱？所以往往就失去了对生活的追求，成为漫无目的的纨绔子弟。自己没有赚钱的本事，眼睛自然就盯着父母留下的那些财产。甚至有时候为争夺家产兄弟反目，父子失和。这类"豪门恩怨"比比皆是。相反，贫穷的家庭往往相处得很融洽。所以说，精明的巴菲特对此早已是明察秋毫，他不会容忍"豪门恩怨"这样的事发生在他的家庭中，也不会让他的子女出现离开他就不能立足社会的情况。

在现实生活中，每个人都有自己独特的家庭背景和成长环境，但无论这些背景和环境差别有多大，左右人生成败的因素不完全是金钱的多少、文化的深浅、社交的广迈，更重要的是自身的修养和人格魅力。所以，

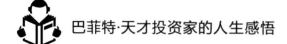

学会自强自立，掌握生存技能，才是立足社会的基本法宝。

第二节　培养强者的成熟心态

在别人贪婪时恐惧，在别人恐惧时贪婪。没有良好的心态，绝对做不到这一点。把投资当作一种生活态度，而不是投机或赌博。

——巴菲特。

投资需要成熟的心态

投资市场，考验的是投资者的热胆衷肠和心理素质。股市的每时每刻都在经历着风云变幻，谁能始终保持沉着冷静、独立思考、自信理智、耐心坚毅，谁就能笑到最后。巴菲特就是心理素质极为出色的楷模。

投资需要一种精神，但同时更需要一种心态。把投资当作一种生活的心态，成就了天下无双的股神巴菲特。一般来说，投资者获得了可观的利润，即使投资并不是自己的全职工作。但要想做到巴菲特那样的境界和成就，就必须像投资大师那样为自己的投资目标而竭尽全力。用美国第28届总统伍德罗·威尔逊的话说："世界上没有什么东西能取代持之以恒的精神。才华不能，有才华但不成功的人随处可见。天赋不能，天赋无回报几乎是一句谚语。教育不能，这个世界挤满了受过教育的被遗弃者。只有毅力和决心是万能的。"

所以，作为一个普通的投资者，要想投资成功，必须明确自己的投资目标，数十年坚持，一以贯之的融入自己的生活中，为自己的投资目标而努力，总有一天，也会获得不凡的成就。

"合适的性格与合适的才智相结合，才能产生理性的投资行为。"沃伦·巴菲特说。

我们常常能够看到这样一种场景：在股票市场中，有些股民屡战屡败，屡败屡战。他们往往不从主观心态上找败因，反而去诅咒专家太歹毒，责怪股评家预测失误，甚至埋怨政府突发利好消息，生气上市公司业绩不佳。他们将所有失败的原因统统推到别人的身上，但是，他们从未认真思考一下：为什么在同样的市场条件下，还是有人赚到了不少钱呢？

股票市场里，每天都充满各式各样的诱惑，如何抵御这些诱惑，如何长期走自己既定的投资道路，靠的就是自身强大的自制力和自信心。贪婪、恐惧、幻想、奢望，这些人性的弱点驱赶着一批又一批的股市弄潮儿置身股海，但最终游到财富彼岸的却没有几个人。很多散户都无时无刻沉迷于各种复杂的图表之中，经常要遭受着被自己选中的潜力股掀翻的折磨。

所以，在面对充满诱惑的投资市场时，大多数的投资者都会被巨大的利益所迷惑，使他们永远无法看清动荡多变的股市背后的真相，从而导致他们血本无归。

对于这种情况，巴菲特认为，挑战股市心魔确为极难之事。他说："只是希望自己与众不同，根本没有用。身为投资学家，我深知仅仅告诉某人要如何行动是不够的。"

耐心是投资成功的不二法宝

"一种近乎懒惰的沉稳一直是我投资风格的基石，如果投资者可以做到始终保持自己的耐心，那么巨大的收益一定将等你的腰包填满。"这是沃伦·巴菲特说过的话。

自从巴菲特成功之后，他就成为很多投资者所关注和研究的对象，这些投资商对于巴菲特的投资理念可以说是已经到了了如指掌的地步，但是令他们百思不得其解的是，即使是这样，他们仍然不能像巴菲特那样做到屡战屡胜。很多人都找不到这个问题的真正答案，其实最根本的原因就在于，他们都忽略了巴菲特身上的一个最大的特点——耐心。

巴菲特的耐心总是会在他进行投资的前前后后时刻伴随着他。当这些投资者争先恐后地抢购时，巴菲特却显得气定神闲、冷静而淡定，当然，他并不是真的在旁边一直观望，他总是在观察时机，直到其他人都丧失信心，将手中的股票大量抛出时，巴菲特才会采取行动，低价买进那些价格便宜而又优秀的股票。

在股市的不断波动中，许多人没耐心，看着自己手中的这只股票迟迟没什么动静，就换来换去买股票。可是巴菲特却一条道走到底，许多股票一买就是十几年不动。他的方法简单至极，他的成功却无人复制。在股票低于实际价值时买入坚决持有，等到股价超过其内在价值他就会毅然抛出。很多人往往等不及到股票价值被市场承认时，便已早早脱手。这就是一般投资者与股神的巨大差异。

在20世纪60年代末，华尔街股市曾经出现过狂飙式的上涨，所以导致众多的投资者都开始竞相购买，可巴菲特却认为此时的股票是不值得投资的，因为这些股票都不符合他的投资标准。于是巴菲特选择了等待，他清算了公司的财产，并解散了公司。这样的等待是极其漫长的，经过了几年的时间，直到1972年股市达到低点时，巴菲特才重新回到了市场，去继续寻找符合标准的投资对象进行投资。

很多人都对巴菲特那看似漫不经心的行为感到迷惑不解，而巴菲特的解释是："凡事欲速则不达，机会并不是随时都有，更不会在你需要时出现，其实很多时候，我们会发现，我们几乎大部分时间都消磨在等待中，这似乎令人有些厌烦，但我们必须为了我们将来的利益而付出百倍甚至是千倍的耐心。"

在巴菲特看来，耐心是投资成功的法宝，只有耐心才能够冷静，才能够做好充分的准备。但是，许多投资者在进入股票市场时总是会显得心浮气躁，他们从买入股票的那一刻起，就不知不觉地成为股价走势的奴隶，他们已经无法像巴菲特那样相信投资对象本身的成长价值，所以也就无法像巴菲特那样对市场价格的波动毫不关心。他们总是害怕自己的投资利益会变得昙花一现，而一旦股票价格出现波动，他们就迫不及待地将股票脱手。所以，他们永远也无法体会获得长期收益的喜悦。

对股市投资而言，耐心是一种纪律，更是一种境界。当然，这种要求对很多人来说都太过艰难。当股市中缺少有投资价值的股票时，短线频繁操作就只能火中取栗。潮落自有潮涨，唯有以坚定的信心等待机会，方能赢得市场，赢得未来。

巴菲特在股票投资中取得的巨大成功使人们对他的投资理念推崇备至，实际上，巴菲特最本质的投资经验有两条：第一条是坚持中长期投资，尤其是坚持长期投资；第二条是坚持做自己熟悉的股票。只有做到这两点，才能够做到成功。

投身股市，自制力是极为重要的。很多投资者出现失误不是因为他们不明白投资的原理，而是在于有时明白的道理却做不到，根源就在于缺乏自制力。

对普通投资者而言，投资是一种自由度很大的投资行为，没有人监督、

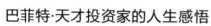
管理和限制你的操作，很多投资行为靠自己的决策和实施。所以到了具体操作上，我们不能只依靠别人的只言片语，而要依据客观现实来控制自己的投资行为，不要让投资行为反过来控制自己的投资思路；在情绪上，要排除股市涨跌的影响、排除个人盈亏的干扰，控制自己的情绪起伏，才能胜不骄、败不馁，这是获得成功的基础；在思维上，我们可以进行创造性的思维，也可以运用反向思维，但最忌人云亦云，要保持自己的独立思维；在节奏上，不需要像蜜蜂那样忙个不停，股市具有独特的时令季节和快慢节奏，投资者在对整个大势走向有一定把握的情况下，要懂得准时参与、适时休息；在选股上，对于一些可能获取暴利，但风险奇高的个股要注意回避，如即将退市的股票等。

所以，很多投资者在投资中往往都没有足够的自制力，那么我们就需要培养自制力，就必须在平时投资时多思考，只有多想想国家的宏观面、股市所处的区域，才能更清晰地认识、理解这一市场。

避免投资思考中的非理性

"事实上，人们充满了贪婪、恐惧或者愚蠢的念头，这点是可以预测的。而这些念头导致的结果却是不可预测的。"

——沃伦·巴菲特

在我们进行股市投资的时候，平常心是战胜心浮气躁的法宝，没有平常心去体会其中的一切奥秘，即便一时再成功、再伟大，最后也会因为自己的贪婪或者胆怯而饮尽失败的苦酒。平常心就是指对一切都放得下，无论发生什么，都能想得开的一份包容，因为市场中没有什么是不可能发生的，而一切的发生又都是无序的、无常的。所以，投资者急不可耐地想要在市场中实现某个目标，是非常危险而又不切实际的想法。

"不良的投资心态是投资失败的催化剂，它就像是注入你身体的毒液，尽管它无声无息，但它却正在蚕食你的生命。一旦毒性发作，你已无力回天。"沃伦·巴菲特说。

在巴菲特看来，股票市场就像是一个戏剧舞台，它能够将每一个进入股票市场的人的千姿百态都刻画得入木三分。尤其是对于人性的种种弱点，它更是展现得淋漓尽致。它就像是一面放大镜，把人性的贪婪放大到几十倍，同样，也把人的痛苦和疑难放大到最大化。被欲望驱使的人们整天在股票市场上拼死挣扎，他们时喜时悲，时悲时喜，宛如一个个被操控的玩偶。一分钟前的焦虑，一刻钟后的犹豫，一天前的恐惧，一周后的忐忑，已经被折腾得体无完肤的他们又要去迎接一个月后的仓皇失措。可想而知，这样反复无常的心态怎么会给他们机会去体会胜利的滋味。

所以，对于投资者来说，良好的投资心态就像是一粒鲜花的种子，它在悄无声息中发芽、开花，终于有一天它会把扑鼻的芳香献给你。只有拥有了良好心态的投资者在面对股市跌宕时会显得更加平和坦然，他不会因为股价的跌涨而或喜或悲。这样的心态也会促使投资者能以清醒的头脑做出理性的判断，也能够保证投资获得成功。

纵观巴菲特的所有投资经历，他就像是一个乐师在尽情地演奏着他的曲子，百折千回的曲调让我们真切地感觉到巴菲特在投资过程中时而急流勇退，时而迎风破浪。他的急流勇退是在告诉投资者在股价猛涨不跌时，一定要时刻保持谨慎和冷静；而在股价只跌不升时，要做到沉着和清醒。只有这样，投资者才能有所收获。拥有了良好心态的投资者在面对股市跌宕时会显得更加平和坦然，他不会因为股价的跌涨而或喜或悲。这样的心态也会促使投资者以清醒的头脑做出理性的判断，确保投资获得成功。

第三节　把困难当成人生必修课

任何一个人都渴望一帆风顺、一马平川，可理想很丰满，现实很骨感，挫折和打击在所难免，而如何看待挫折和打击就将潜移默化地影响着你的成功。

没有谁能够一帆风顺

如果你看过巴菲特传记以及他的各种报道，那么一定知道伯克希尔·哈撒韦公司对于巴菲特的金融王国意味着什么，因为它是巴菲特征战股市的旗舰，也是巴菲特股市生涯的大本营，正是通过伯克希尔·哈撒韦公司，巴菲特进行了多项值得称道的投资，通过它控股了多家上市公司。

那么当年巴菲特为什么对伯克希尔·哈撒韦情有独钟？他又是怎样入主伯克希尔·哈撒韦的呢？

伯克希尔·哈撒韦最初是由伯克希尔和哈撒韦两家独立的纺织品公司合并而成，1962 年到 1963 年年间，伯克希尔·哈撒韦的股份已跌到 8 美元／股，而它的营运资金价值为 16.50 美元。此时的巴菲特看清伯克希尔·哈撒韦的经营者由于运作企业不善而使股票受尽冷落，他认为这家公司的资产一定能为自己派上用场，所以他买进了一些它的股票。但巴菲特并没有立刻去大规模地买进，他一定要到伯克希尔·哈撒韦亲眼看一看。

实际上，在伯克希尔·哈撒韦的股票在华尔街上备受冷落的时候，证券分析家理查德·蒂利就曾推荐过伯克希尔·哈撒韦的股票，但为什么没人走上巴菲特的收购之路呢？是那些金融分析家们不知道伯克希尔·哈撒韦的投资价值吗？是美国的金融分析家们不知道伯克希尔·哈撒韦的经营状况吗？答案当然是否定的，那么究竟是什么原因呢？我们从巴菲特入主伯克希尔·哈撒韦这件事情的过程来看，最大的可能就是因为那些评估过该公司的人遇到了难以克服的难关，或者是没能对伯克希尔·哈撒韦有过巴菲特那样深入细致透彻的实地了解，因此也就不能对公司的人员动态有一个明晰的认识，所以才会犹豫不定。那么在关键时刻，他们的退缩也就成了自然而然的事情。

勇敢地面对考验

他们没能执着地去想办法，可是巴菲特做到了，他战胜了前进路上的一个个困难，因为他知道，这些挫折和困难都是企业发展的必经阶段，只有经历这些考验，才能获得更大的成功。事实也确实如此，在巴菲特接管伯克希尔·哈撒韦后的头两年里，纺织品的市场十分繁荣，赢利也相当丰厚，巴菲特要求管理层对存货和固定资产进行清理，公司的现金状态大为好转。巴菲特就此迈开了投资王朝的步伐，逐步收购或参股奥马哈国家赔偿公司（财险）、奥马哈太阳报公司、华盛顿邮报、可口可乐、强生、吉列等。

任何一个人都渴望一帆风顺、一马平川，可理想很丰满，现实很骨感，挫折和打击在所难免，而如何看待挫折和打击就将潜移默化地影响着你的成功。巴菲特以他特有的毅力和韧劲克服重重困难，打造了自己的金融帝国。所以挫折是一堂必修课，如果你选修它，就不能足够重视它，它也就会轻易地击垮你。

第四节　自信的人永远不会输

我从来不曾有过自我怀疑，我从来不曾作为一个拥有大量资金的投资者。

——巴菲特

自信是成功的必要心态

巴菲特的积累足以让他功成身退，可是巴菲特没有这样做，一是因为他热爱投资这个行业，二是他没有怀疑过自己会取得更大的成就，面对困难和挫折也没有灰心过。

在 1972 年，巴菲特的公司购买一家名为 See's Candies 糖果公司的股票。See's Candies 每年以每磅 1.95 美元的价格卖出 1600 万磅的糖果，产生 400 万美元的税前利润。在调研之后，巴菲特花了 2500 万美元买下它。虽然没有雇过咨询师，但巴菲特知道每个加州人心中对 See's Candies 都有一些特殊的印象，他们绝对认这个牌子的糖。在情人节，给女孩子送 See's Candies 的糖，她们会高兴地亲它，这种认知就是品牌魅力。因此，巴菲特认为 See's Candies 有一种尚未开发出来的定价魔力，每磅 1.95 美元的糖果可以很容易地以 2.25 美元的价格卖出去。每磅 30 美分的涨价，所以 2500 万美元的购买价还是划算的。

尽管收购的价格要远远高于 See's Candies 的利润，巴菲特没有怀疑过收购 See's Candies 这一决策。在收购之后，巴菲特每年都在 12 月 26 日——圣诞节后的第一天涨价。圣诞节期间他们卖了很多糖，一磅能赚 2 美元。当然，情人节也是销售最火的一天。在情人节那天，See's Candies 的价格已经是 11 美元 1 磅了。

所以，不要怀疑自己，胜败就在一念之间。这样的例子还有很多。

世界著名的交响乐指挥家小泽征尔，在一次世界优秀指挥家大赛的决赛中，他按照评委会给的乐谱指挥演奏，在指挥彩排过程中总是发现出现不和谐的声音。最开始，他以为是乐队演奏出了错误，就停下来重新演奏，但几次下来之后，每次都在同一个地方出现错误。他觉得是乐谱有问题，这时，在场的作曲家和评委会的权威人士都坚持说乐谱绝对没有问题。面对一大批音乐大师和权威人士，他思考再三，最后斩钉截铁地大声说："不！一定是乐谱错了！"他的话音刚落，评委席上的评委们立即站起来，报以热烈的掌声，祝贺他夺得比赛的大奖。

原来，这是评委们精心设计的"圈套"，以此来检验指挥家在发现乐谱错误并且在遭到权威人士"否定"的情况下，能否坚

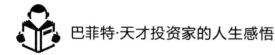

持自己的正确主张。前两位参加决赛的指挥家虽然也发现了错误，但终因随声附和权威们的意见而被淘汰，小泽征尔却因充满自信而摘取了世界指挥家大赛的桂冠。

自信，是很多成功人士最基本的心态。有很多人都曾经备受质疑过，如果不能够对自己的观点、理论非常自信，或许有很多真理都变成了谬论。坚持自己的观点，并不等于不听从别人的意见，而是对自己最正确的认知，也是对自己能力的信任。理性自信，才是我们年轻人需要学习的。

不轻易怀疑自己

如果怀疑自己，失败就在一念之间。同样的事情也发生在杂技团的台柱子汤姆身上，他曾经凭借一出惊险的高空走钢丝而声名远扬，从未有过丝毫闪失。可汤姆有时候做事好随波逐流，容易受到别人的影响，不能坚持自己的主见，正是这种怀疑自己的心态，其后果甚至导致他断送了一生的杂技生涯。

在一次演出中，汤姆用的长木杆不小心折断了。杂技团立刻找来了粗细相同、长短一致、重量也一样的木杆。直到汤姆觉得得心应手时，团长才请油漆匠给木杆刷上与以前那根木杆相同的蓝白相间的颜色。又是一次新的演出，汤姆微笑着赤脚踏上钢丝。助手递给他那根蓝白相间的长木杆。他从左端开始默数，数到第 10 个蓝块，左手握住，又从右端默数第 10 个蓝块，右手握紧，这是他之前表演时最适宜的手握距离。但是这一次，他感到两手间的距离比他以往的长度短了一些。在这种情况下，他应该立刻终止表演，仔细检查手中的道具，但是他没有，在钢丝中段做腾跃动作时，一个不留神，他从空中摔了下来，折断了踝骨。但在事后检查的时候，工作人员才发现那根木杆长度并没变，只是粗心的油漆匠将蓝白色块都增长了一毫米。木杆的长度没有变，但自信的距离改变了。就是这一毫米长度的变化影响了汤姆的成败。

自信的人永远不会输，不怀疑自己的能力，才会有胜利的希望。一位高僧曾经说过："世上人与物都是这样，如果你认定自己是块陋石，那么你可能永远只是一块陋石；如果你坚信自己是一块无价的宝石，那么你就是无价的宝石。"

第五节 挫折是一种成长过程

有时候，挫折并不是件坏事，这就好比我们一生中偶尔犯些小病，那都是身体免疫的正常反应，对健康是有利的。

在挫折中吸取教训

有人这样形容过，沃伦·巴菲特就好像希腊神话中的迈达斯神，因为他有点石成金的本事。他的企业曾连续多年超过道·琼斯工业指数几十个百分点，令华尔街人士目瞪口呆。

但巴菲特的成功并非偶然，他的成长也非一帆风顺，他和普通人一样遭遇过挫折和失败。巴菲特也痛恨犯错，痛恨失败导致的挫折，但与其他人不同的是，巴菲特能在挫折中成长起来。所以他常常这样说，不要因为稍受挫折就一蹶不振。

在很多成功人士的背后，往往都有一段充满挫折的成长经历，巴菲特的家庭环境也并非完全温馨，母亲利拉·斯塔尔的性格有些怪异，所以在童年时期他会莫名其妙地受到母亲的责怪，这让幼年的巴菲特内心受到了伤害。

坦率地讲，巴菲特的母亲是一位好妻子和好母亲，至少在她的心目中是这样渴望的，但她的性格却有些怪异。她对待自己的丈夫就像对待君王一样，她渴望成为一个完美的妻子，对待孩子也非常关心。但是当追求完美的压力太大时，她就会把对上帝的愤怒发泄在巴菲特姐弟的身上。所以在没有任何先兆的情况下，这个幽默可人的母亲就会突然歇斯底里，有时一连好几个小时暴跳如雷。她责骂、贬损自己的孩子，认为他们一无是处，搜寻着每一个她能想到的他们的错误，仿佛被恶魔附身。这个时候，如果巴菲特姐弟有任何轻微的违抗，都会招致她的斥责。

可以说，母亲的这种双重性格对巴菲特造成了不小的伤害，但巴菲特没有因此离家出走，也没有跑到街上成为小混混，独特的青年经历反而历练了他隐忍、坚强的性格。

成功者的挫折哲学

除了巴菲特之外，也有很多其他领域的成功人士都经历过不小的挫折。

19世纪美国盲聋哑女作家、教育家、慈善家、社会活动家海伦·凯勒刚刚出生没多久就被猩红热夺去了她的视力和听力。祸不单行，她又丧失了语言表达能力。在这黑暗而又寂寞的世界里，她却并没有放弃生活的希望，而是自强不息，用她顽强的毅力去克服生理缺陷所造成的精神痛苦，最终成为一个掌握英、法、德、拉丁、希腊五种文字的著名作家和教育家。

著名作家高尔基从小就饱尝人间的辛酸，即使做活累得腰酸背痛，也绝不肯放弃一点儿看书的时间，还常常在老板的皮鞭下偷学写作，终于成为著名的作家。

美国的大发明家爱迪生，小时候因为家境艰难买不起书、买不起做实验用的器材，他就到处收集瓶罐。有一次，他在火车上做实验，不小心引起了爆炸，车长甩了他一记耳光，他的一只耳朵也因此被打聋了。生活上的困苦，身体上的缺陷，并没有使他灰心，他更加勤奋地学习，终于成了一位举世闻名的科学家。

大作曲家贝多芬由于贫穷没能上大学，17 岁时患了伤寒和天花病，26 岁不幸失去了听觉，在爱情上也屡受挫折。就这样，他仍然在与命运顽强地搏斗着，并且在乐曲创作事业上他的生命之火燃烧得越来越旺盛。逆境不但没有吓倒他，反而让他获得了强大的生命力。

俗话说："尺有所短，寸有所长。"有时候，挫折并不是件坏事，这就好比我们一生中偶尔犯些小病，那都是身体免疫的正常反应，对健康是有利的。挫折，就是你所处的逆境，逆水行舟，不进则退。战胜挫折的过程就是一种成长，战胜挫折的经历就是一种财富。所以，从另一个角度看，对巴菲特、对海伦·凯勒、对高尔基、对爱迪生、对贝多芬等逆境成才的人而言，没有挫折，因为他们战胜了挫折。

在挫折中成长

巴菲特经常这样告诫自己的子女，要学会享受苦难，磨砺自己的心性，从而成就一番事业。而不是在父辈的荫庇下，沉溺于一时的享乐，过着无忧无虑的生活。

众所周知，巴菲特是世界上数一数二的亿万富翁。在常人眼中，他应该过着上流社会的奢华生活——吃着山珍海味，穿着绫罗绸缎，住着豪华别墅，出入坐豪车，忙于交际应酬。但事实是：巴菲特住在一个小镇上，住在中产阶级街区的最多几十万美元的普通房子里；开着一辆超过15年的价值四五万美元的福特车；家中既没有顾问，也没有帮佣；在办公室里，员工们经常看到巴菲特以爆米花、薯条和樱桃可乐作为午餐；很长一段时间里，他的儿女们都以为父亲是一位失业的人，因为他好像总是不需要上班。

对于父亲的这种生活状态，几个孩子也无法理解。对此，巴菲特有自己的看法，他认为当人活到一把年纪时，许多年轻时看重的事情已经变得不那么重要了，倒是年轻时看不上眼的事情变得更重要了，那就是活得快乐，而不是奢侈。这才是一个老年人应该有的生活。

"生于忧患，死于安乐"，这苦难的经历让巴菲特变得比任何时候都执着。25岁时他就豪言万丈，宣布自己要在30岁以前成为百万富翁，"如果实现不了这个目标，我就从奥马哈最高的建筑物上跳下去"。所以在此之后他创造了股市神话。

也许我们不能复制巴菲特的成功经历。但他那享受苦难和挫折的生活态度却值得我们好好品味和学习。每个人身上都存在着惰性，如果没有挫折的激发，就会变得懒惰，使得潜能隐没于体内，终身不得发掘。挫折可以促使一个人奋发图强，甚至挑战生命的极限。

挫折是一种成长过程，我们要学会享受。所谓"享受"挫折，并不是要求你主动地寻找挫折并以此为乐，而是说当你面对挫折时，不沮丧、不逃避、不气馁，勇敢地面对。要有苦行僧一般的精神，从中有所感悟、有所超越，这就是"享受"挫折，痛并快乐着，一时的苦，好好"享受"，换来的是一世的乐。

第六节　在哪里跌倒就从哪里站起来

所有所谓坏的或失败的事背后其实都有一些好的东西在里面。

——巴菲特

勇敢直视自己的短处

巴菲特的一生好比是一个传奇故事，但他的成功绝非偶然，其中的必然因素之一就是不肯服输，在哪里跌倒就在哪里爬起来。巴菲特成功后，接到的演讲邀请非常多，哈佛商学院、自己的母校、到各地高校进行精彩的演讲。他的演讲富有激情，让听者受益匪浅。但在小时候，巴菲特并不是个健谈的人，他生性好静，喜欢独来独往，用现在的话说，绝对属于"宅男"一族。那么，巴菲特又是如何突破自我的呢？

他在接受记者访谈时曾谈起高中毕业后的一件事。巴菲特说，在他小的时候，特别不敢在公众场合讲话，所以高中毕业后，巴菲特曾经去卡耐基的公共演说训练班，都已经填好了 100 美元的缴费申请，但到门口时又因为害怕退缩了，没有去成。回家之后，他左思右想，觉得如果不能克服的话，这将成为他人生中的一大障碍。后来，他又去把这个班报了。巴菲特感慨道："当时我不敢在公众场合讲话，这让我对这个事特别重视，我就真的去报班，并刻意训练自己。现在，这反倒成了我的一个长项。"

积极改正错误就是夺得胜利

巴菲特在自己求学的路上也曾遭遇过一次重创，那就是落榜哈佛商学院，但他并没有因此放弃求学之路，跌倒了就要站起来。

1947年夏天，16岁的巴菲特从伍德罗威尔逊中学高中毕业，并进入宾夕法尼亚大学的华顿商学院读书。宾夕法尼亚大学具有浓厚的政治色彩，所以，在这里上学的学生几乎个个都是政治活跃分子。当然巴菲特在学校里也不例外，他曾是年轻的共和党人俱乐部的主席。

他非常轻松地读完了大学，并且在短短三年的时间内拿到了学位。即便他的学业非常繁忙，他仍能挤出时间找一些赚钱的机会。在内布拉斯加大学，他担任《林肯》杂志发行部的营业部主任，负责60个报童在6个农村地区的投递工作。不仅如此，他还挤时间去彭尼连锁店工作。在宾夕法尼亚大学时期，巴菲特还学会了打桥牌，这个与数学密切相关的游戏成了他终生的爱好。后来，巴菲特从内布拉斯加大学毕业，然后向哈佛商学院提出申请。巴菲特选择哈佛商学院继续学业，是为了在未来更好地实现他的商业梦想。然而，具有讽刺意味的是，这个作为20世纪最伟大的商业家之一的人最后被哈佛商学院拒绝了。

为了找到自己被拒绝的理由，1950年的7月，巴菲特带着自己的学习成绩表乘火车前往芝加哥，在那儿一个毕业于哈佛大学的男士接见了他。会见非常简单和快速，仅有 10 分钟的时间，两个人的会面结束了，他进入哈佛大学的梦想也随之破灭了。哈佛工作人员拒绝的理由是——"他 19 岁，但看起来像只有 16 岁的样子，由于身材消瘦，估计体重只相当于一个 12 岁的少年。"因为体重的原因，巴菲特被拒绝了，现在看来，这个理由很是不可思议。然而在当时，它却给了巴菲特很大的打击。

巴菲特在给他的朋友杰尔·奥瑞斯的信中写道："说实在话，当遭到哈佛大学的拒绝时，我有点被打垮了。不过哈佛那些家伙太自命不凡了，他们认为，我只有 19 岁，太年轻了，不能被录取，并建议我再等一两年。所以说我现在面临着一个严酷的事实，因为我已经在此吃住有四个星期了。我父亲希望我能到某个研究生院继续学习。但是，我却很不喜欢这个主意。我想我还是去哥伦比亚大学，那有个非常好的经济系。至少那有几个教授是普通股票估价课程的大人物，像格雷厄姆和多德。"

被哈佛大学拒之门外这件事给巴菲特带来了很大的痛苦，但他并没有因此消沉，在哈佛跌倒了，并不能证明自己的无能，只有站起来继续努力才是对跌倒最有力的反击。于是，巴菲特向哥伦比亚商学院提出申请，并且很快就收到了接受他入学的通知。他于 1951 年 6 月毕业于该校，也就是在这所大学，他遇到了对他来说一生中最重要的一个人——他的恩师格雷厄姆。

对此，巴菲特后来很有感慨，所有所谓坏的或失败的事背后其实都有一些好的东西在里面。你一定要相信，"信仰"是很重要的，只要自己不故步自封，跌到之后爬起来继续前进，到时候，这些坏的事情或暂时失败的事最后都会自己化解，变成一件好事。

小孩子学走路的时候，会跌倒无数次，但他们同样也会无数次地站起来继续走，如果是趴在地上不动，就永远也学不会走路。面对困难、挫折和失败也应如此，小时候能做到的事情，你现在也一定能做得到。

第 7 章

不做负翁做富翁
——巴菲特的投资技巧

巴菲特的成功，靠的是一套与众不同的投资理念，不同的投资哲学与逻辑，不同的投资技巧。在看似简单的操作方法背后，你其实能悟出深刻的道理，这些道理简单到任何人都可以利用。巴菲特曾经说过，他对华尔街那群受过高等教育的专业人士的种种非理性行为感到不解。也许是人在市场，身不由己。所以他最后离开了纽约，躲到美国中西部一个小镇里去了。正因为他远离了市场，所以才战胜了市场。

第一节　最简单的方法最赚钱

　　每个人的成功都是独一无二的。和做投资一样，我们不是巴菲特。我们不能成为巴菲特，我们也没必要只遵从巴菲特式的唯一成功模式。

简化才是最好的方式

　　曾经有这样一句话："在迈入股市之前，你不能不知道巴菲特，在知道了巴菲特之后，你必须要了解自己。"

　　很多人都很想知道巴菲特所指的最简单的赚钱方法是什么，其实概括起来非常简单——少则得，多则惑。

　　这句话并不难理解，意思就是：如果你将所有的精力放在一个领域上，那么你将是这个领域里最精通、最专业的人。但如果你将精力放在很多个领域上，那么你只能算是一个涉足了很多个领域的普通人。

　　天下赚钱方法千千万，但最简单的方法最赚钱，复杂的方法只能赚小钱，简单的方法才能赚大钱，而且方法越简单越赚大钱。比如，巴菲特专做股票，很快做到了亿万富翁；比尔·盖茨只做软件，就做到了世界首富；乔治·索罗斯一心搞对冲基金，结果做到了金融大鳄；英国女作家罗琳40多岁才开始写作，而且只写了一个哈利·波特的故事，竟然写成了亿万富婆……

离成功最近的距离

这个原则不仅仅适用于个人，同样也适合整个企业，每个行业也都有这样的案例——在商品零售业，沃尔玛始终坚持"天天平价"的理念，想方设法靠最低价取胜，结果做成了世界最大；在股市，巴菲特一直坚持"如果一只股票我不想持有 10 年，那我根本就不碰它一下"的原则炒股；在日本战败后，美国品质大师戴明博士应邀到日本给松下、索尼、本田等许多家企业讲课，他只讲了最简单的方法——"每天进步 1%"，结果日本这些企业家真照着做了，并取得了神效，可以说日本战后经济的崛起有戴明博士的功劳。

但是，很多初入商场的人并不懂得这个道理，甚至总觉得要多多涉猎才是好的，但最终都以多而不精而告终，要知道，任何一个人的能力和精力都是有限的，企业也同样如此。在"跨界"的时候，势必需要牵扯出很多精力、付出很多金钱，这就会增加失败的概率。那么我们应该如何增加成功的概率呢？不如来看看巴菲特是如何说的。

巴菲特曾经说过："我的炒股原则是'一年操作一两次，低点买、高点卖'，集中资金买 3 支以内的股票，有时每年只买一只股票，结果每年都赚得钵满盆盈。我从不看 K 线图，也不盯大盘，只是偶尔看一眼行情，简单判断一下，就万事大吉了。"

就如同巴菲特所说，炒股赚钱也有简单的方法。现在大多数人炒股都是"不要把所有的鸡蛋放在一个篮子里"，实行"多样化"，但他告诉你"不要多样化，要把所有的鸡蛋放在一个篮子里，然后密切关注它"。炒股其实真的就这么简单。

当然，在买进这只股票之前，你首先要确认的是，这只股票值得你去购买，可以依靠自己的经验、市场的风向、股票商家自身的价值等各种因素来判断。

世界上没有免费的午餐，也没有天上掉下来的馅饼。你要研究赚钱，总结自己的简单的赚钱方法，然后坚持它，不要轻易改变。现在大多数人都没有主心骨，炒股太善变了，今天炒长线，明天炒短线，今天听个消息就买，明天听个消息就卖，结果六心不定，输得干干净净。这个教训要切记！

第二节　如果不了解，就不投资

失败的投资者任何时候都必须在市场中有所行动。诀窍是：如果无事可做，那就什么也不做。

——沃伦·巴菲特

在熟悉的领域里如鱼得水

如果你是一个投资大师，当你找不到符合自己的标准的投资机会时，你会怎么做呢？或许你心中没有答案，但在真正的投资大师心中，会选择耐心等待，直到发现机会，而绝对不像很多人一样盲从地投资。

沃伦·巴菲特被称为华尔街股神，在过去几十年的时间里，他经历过全球股市的无数风风雨雨，最终把 100 美元变成了 440 亿美元的巨额财富。全世界炒股的人不计其数，但大家公认的股神却只有他一个。在接受中央电视台某个经济节目的采访时，巴菲特直言，"如果有 1000 只股票，对 999 只我都不知道，我只选那只我了解的。我不会因为外部宏观的影响而改变我的投资策略"。

有很多人在挑选股票、购买股票的时候，总是喜欢跟风，或者是听从某些经济专家的建议，甚至有时候连自己购买股票的企业都不了解。我们不否认，这种跟风在短时间内或许能够赚得一笔财富，但同样，更多的时候会赔本。巴菲特曾经多次说过："如果不了解，就不要投资。"

在巴菲特的眼中，投资的精髓并非是公司目前的地位、股票的走势，而要看企业的本身，看这个公司未来几年的发展，看你对公司的业务了解多少，看你是否喜欢并且信任管理层，如果股票价格合适你就持有。投资股票其实就是投资公司，而每一个普通人都可以用这样的理念积累财富。不要认为自己拥有的股票仅仅是一张价格每天都在变动的凭证，一旦遇到某种经济事件或政治事件，就将它作为抛售的候选对象，相反，要将自己想象成为公司的所有者之一。因为只有这样做，才能让你真正去了解这个公司的价值和潜在的发展空间。

而要想做到这一点，并非只是看看股市、看看报纸就够了，更多的是要通过自己的专业知识来评估这个企业未来的走向，这就需要我们多多去了解，而非盲目地、跟风似的投资。

关心我们了解的事物

巴菲特在接受采访的时候曾经这样说过："在投资之前，将所有的注意力放在公司的赚钱能力上，关注从现在开始的未来 5 年、10 年的收益，如果我认为它的价格跟赚钱能力相比很值，我就买，能够这样赚钱

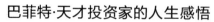
的公司是我们关注的，如果不了解，我就不投资。我要确定我们选的是对的，但是对于不懂的我就不投资，你必须知道你买的是什么。每年我都读成千上万份年报，我不知道我读了多少。所有的年报都是不同的，从根本来说，我看企业的价值。正确的投资就是寻找到价值被低估的公司，然后按合理的价格买入，而无论什么样的因素都不会影响公司内在的价值。我不会因为外部宏观的影响而改变我们的投资策略，总会有好的年份和不好的年份，那又怎么样？如果我找到一家很好的企业美联储主席说明年经济要衰退，我还是要买，对我来说影响不大。"

所以，在投资之前，一定要先了解自己想要投资的行业、企业以及这个企业未来的走向，不要受到别人的干扰，相信自己的判断。如果对于自己要投资的领域一点都不了解，那还不如不投资。换句话说，就是"不打没有把握的仗"。

第三节　在别人小心谨慎时勇往直前

巴菲特不预期股票市场的涨跌，只是设法在别人贪心的时候保持戒慎恐惧的态度，唯有在所有的人都小心谨慎的时候才会勇往直前。

重视电光闪石中的灵感

很多时候，我们常常会遇到各种各样难以决定的选择题，尤其是在投资之前，很多人都会犹豫不决，但其实越是在这样的时刻，越是需要我们勇往直前。巴菲特说："一旦我们发现了某些有意义的东西，我们会非常快地采取大的行动。"

像巴菲特这样的投资大师，一旦做了周密的准备和调研，就不会轻易因为一些事情改变自己的主意，但假如发生任何足以改变投资结果的事情，他做决定也绝不犹豫。

有一次，当索罗斯正在打网球的时候，他的电话响了。那是 1974 年，"水门事件"正威胁着理查德·尼克松的总统宝座。电话是东京的一个经纪人打来的。他告诉索罗斯，"水门事件"正让日本市场紧张不安。索罗斯有价值数百万美元的日本股票，他必须决定怎么做。他丝毫没有犹豫。不到一秒钟，他就向他的经纪人下达了全部清仓的指令。

沃伦·巴菲特的决策速度同样很快。他可以在"大约 10 秒钟之内否定"他所听到的大多数投资建议，"因为我们有过滤器"。

他的"过滤器"就是他的投资标准。这些标准可以让他以闪电般的速度分清适合和不适合的投资。他收购仅次于蒂凡尼的美国第二大珠宝零售商波珊就是一个例子。

1988 年圣诞节那一天，巴菲特正在波珊购物。在他看一个戒指时，波珊拥有者之一的唐纳德耶鲁喊道："别把戒指卖给沃伦，把商店卖给他！"元旦过后，巴菲特打电话询问是否可能购买波珊。很快，巴菲特在波珊总裁艾克·弗里德曼的住宅与弗里德曼和耶鲁进行了简短的会谈之后，买下了波珊。"实质性的谈话只有 10 分钟，"耶鲁说，"他问了我们 5 个问题，艾克报了一个价格。后来，我们三个在巴菲特的办公室会面，艾克和沃伦握手成交。"

当巴菲特说他可以很快地对任何报价做出答复，"通常不用 5 分钟"的时候（就像他在伯克希尔公司 1982 年年报中对股东们所说），他并不是在开玩笑。

时机，就是金钱

对巴菲特和索罗斯来说，做出投资决策就像是在黑与白之间做出选择。不存在灰色阴影：一项投资要么符合他们的标准，要么不符合。如果符合，他们就会迅速行动。但在我们做决定之前，常常会想，"如果我错了怎么办？"这种疑问经常导致一个投资者的购买量远少于他的意愿。比方说，一个投资人本打算购买 1 万股，并且认为这个数量很合适，但打电话给经纪人的时候却变了。当他真的要掏钱的时候，他开始怀疑自己的判断。"或许，我应该先买 2000 股。看看会发生些什么。剩下的以后再买。"但他再也没有买剩下的那些。

可是，这样犹疑不决的状况从来不会进入投资大师的脑海。对他来说，打电话给经纪人只不过是个机械化的收尾行动。他的心思已经转移到了其他问题上：或许是他正在考虑的新投资机会，也或许是今晚有些什么样的电视节目。

另外一个常见的限制是资金不足。一个投资者可能已经把所有的钱都投出去了，没有手头现金，因此认为自己无力抓住一个投资机会。投资大师也会面临这样的限制，特别是在他的职业生涯早期。但由于他的投资标准是明确的，他能够判断他的最新投资机会是否优于他已经拥有的一个或更多投资对象。如果他面临着这样的限制，那么在他扣动扳机的时候，他已经决定为了这次行动而卖掉哪些手头资产了。

投资大师不光行动迅速，还能够非常快地决定是否做一笔投资。有时候，区分决策和行动甚至是不可能的。面对一些重大的决定的时候，也许有些人会谨小慎微，瞻前顾后，但是巴菲特却从不这样。他雷厉风行，在所有人小心谨慎的时候勇往直前，这种精神是值得我们借鉴的。

第四节　不要看着碗里，吃着锅里

长期跟踪一只股票，等到非常熟悉这只股票之后，择机介入，在其中赚到属于自己的利润。途中不要三心二心、朝秦暮楚；不要吃着碗里的，看着锅里的；不要企图战胜市场；更不要妄自菲薄。用军人的意志，用小孩子的思维去指导自己的操作，简简单单才是真。

正确看待自己的能力

我们所了解到的，几乎是所有的投资大师都把他的钱投到了他赖以谋生的地方：巴菲特的净资产有99％是伯克希尔·哈撒韦的股份；索罗斯也把他的大部分资产投入了量子基金。那么，他们的个人利益与那些将钱托付给他们的人是完全一致的。

然而，失败的投资者投资对他的净资产贡献甚微——实际上，他的投资行为常常威胁到他的财富。他的投资资金来自于其他地方：企业利润、薪水、退休金、公司分红等。

"在这里，我们吃我们自己做的饭。"沃伦·巴菲特在谈到他的理财方式时说。他的净资产有99％是伯克希尔·哈撒韦的股票。

在现实中，我们常常遇到这样一种情况：我们拿着自己的资金，准备投资到某一个项目中，但是在这个过程里，会有其他的项目陆续跟过来，他们有可能会用非常有诱惑力的言语来告诉你，他们的投资有多么安全，回报有多么可观……然后，我们就会想，既然如此，我手里就这些资金不如用一般的钱去投资原本自己看上的，另一半的钱用来投资这个项目吧。如果，有两个全新的项目来找你，那么你的资金就会被分成 1/3，如果有三个项目来诱惑你，你的资金就会被分作 1/4……以此类推下去，最终能够用到我们原本就制定好的项目的资金会不断减少，可是在投资中，成本越少，赚取的利润也会越少，这是不变的定律。

所以，巴菲特就曾经多次直言，投资的时候，一定要经过深思熟虑，对所要投资的公司进行充分的了解和考量，但一旦决定投资，就不遗余力地进行投资，千万不要"吃着锅里的，看着碗里的"，只有这样，才能在投资行业里稳扎稳打，并且尽最大的可能去赚取最大的利润。

专注自己的领域

《财富》杂志曾经写道：分散投资能获得巨大财富，这是投资谎言之一。从来没有人因为分散化的投资策略而进入亿万富翁俱乐部。

在现实中，真正的投资大师从来都不会考虑自己投资失败之后会损失多少，因为他们在投资之前都会做非常充分的考量，他们只会从赚钱的角度考虑，如果你错过这个机会，你将少赚多少钱。

实际上，除了在面临系统性风险时难以规避资产缩水，分散投资的另一个不足之处在于，这种投资策略在一定程度上降低了资产组合的利润提升能力。举个简单的例子：同样为 10 元的初始资金，股票价格均为 1 元，组合 A 由 10 只股票组成，每样股票买一股；组合 B 由 5 只股票组成，每样股票买两股。假如在这些股票中，组合 B 的五只股票，组合 A 也都购买了。其后这五只股票价格翻番，而其他的价格没有变化，则组合 A、组合 B 的收益率分别为 50% 和 100%。很显然，由于组合 A 投资过于分散，那些没有上涨的股票拉低了整个投资组合的收益水平。

斯坦利·德鲁肯米勒是接替索罗斯的量子基金管理人。有一次，斯坦利以德国马克做空美元，当这笔投资出现盈利时，索罗斯问："你的头寸有多少？""10 亿美元。"斯坦利回答。"这也能称得上头寸？"索罗斯说："当你对一笔交易有信心时，你必须全力出击。持有大头寸需要勇气，或者说用巨额杠杆挖掘利润需要勇气，但是如果你对某件事情判断正确，你拥有多少都不算多。"

还有一个更加可靠的理由支持：如果你的钱并不多，分散它有意义吗？所以，不要妄图分散风险，或者妄想多处得利，不要"吃着碗里，看着锅里"。只要你通过自己明智的分析决定投资哪怕是一只股票，不贪多，不贪婪，这一只股票反而更有可能使你获得最大的收益，让你大捞一笔。

第五节　投资要懂得三思而后行

在做任何事情之前，都应该三思而后行，只有这样才能确保自己的决定是成熟的，至少是自己能够承担的。

贪婪是投资的禁忌

世界首富巴菲特的长期投资实践和价值投资理念令多少人、多少政府为之折腰，连美国两位总统候选人都争着要巴菲特来当未来的财政部长。巴菲特在中国石油上的投资为中国投资者上了一堂生动的价值投资课。

在美国次贷危机爆发后，持有 400 亿美元现金的巴菲特不断有选择地买入股权或股票。2008 年 10 月 18 日周五的晚上，沃伦·巴菲特在当天的《纽约时报》发表评论称："我并不想预测股市，而且我重申自己对股市的短期走势毫无头绪。尽管如此，今天我还是会投入股市。"他表示，"我看到一家开在空荡荡的银行大楼里的餐馆打出的广告说，'从前你的钱在这里，今天你的嘴在这里。'但今天我的钱和嘴巴都在股市里。"这相对于缺乏说服力的布什救市计划来说，巴菲特力挺股市的言论无疑可以起到提升投资者信心的作用。无独有偶，此时中投公司增持黑石股份由 9.9% 至 12.5%。

我们能找到许多值得向巴菲特学习的证据，但很难找到跟着他买股票的理由，相反，倒是找到一些不该或无法跟着他买股票的理由。

巴菲特是美国人，尽管他对美元前景并不看好，但他与索罗斯、罗杰斯不同，对美国的美好前景深信不疑。在这方面他和蒙代尔、格林斯潘相似，这也可能是他被看好担任下任美国财长的主要原因。

巴菲特在证券市场摸爬滚打数十年，一生注定离不开投资市场，他对美元的长期前景并不看好，持有股票比持有美元心里更踏实、中国散户适于投资股市的人并不多，持有人民币似乎比持有股票更安全、更踏实。

"在别人恐惧的时候贪婪，在别人贪婪的时候恐惧。"但谁也不能肯定现在是否是人们最恐惧的时候，因为现在还有乐观派。学巴菲特投资的前提是：自己要勤奋，自己要有脑子。因为巴菲特就是如此。

三思而后行

尽管在前文中我们多次提到过，要相信自己的判断，要勇敢出击。但这并不是说，我们可以在投资场上肆意横行，这种果断出击和判断都要依附于一个非常重要的前提，那就是谨慎考察。

什么叫作谨慎考察？其实很简单，我们投资某一个行业、某一个公司，甚至某一个人，我们都需要花费大量的时间和精力去了解它。为了考察股市，巴菲特每年都要阅读上万份报纸来了解各个方面的信息。他曾经说过，他每天最重要的工作不是去看股盘，也不是看股市行情，而是看报纸。通过阅读报纸了解现如今每个领域的行情，只有做到这些，他才能够确保自己收到了全面的、平衡的信息。

或许我们无法做到去阅读上万份报纸，但是我们只需要谨记一条，那就是在投资之前一定要经过冷静思考，三思而后行。

第六节　不要相信消息，坚持独立思考

投资成败一定源于思想层面的深刻领悟。所以当真正出现问题的时候，只有对着镜子说话。这就说明，真正的投资者是具有非常强的独立思考能力的人，必须通过自己的思考去最终解决问题。

只有自己最可信

在现在的投资市场里，总会有一些所谓的内部消息，又或者是某些经济专家在媒体上发表自己的看法。有很多资历尚浅的股民、投资者对于这样的消息深信不疑，认为无风不起浪，然后就开始被这些所谓的消息弄得晕头转向，失去了自己的认知。

但是，对于任何投资者而言，学会独立思考都是最重要的。曾经有人问巴菲特："如果出现问题的话，你去请教什么人？"巴菲特回答说："投资成败一定源于思想层面的深刻领悟。所以当真正出现问题的时候，只有对着镜子说话。"这就说明，真正的投资者是具有非常强的独立思考能力的人，必须通过自己的思考去最终解决问题。

巴菲特曾说过："如果你想理发，就不要问理发师你需不需要理发。当有人想让我采纳他们的意见时，我会告诫他们：'用我的头脑加上你们的钱，做得更好。'你必须学会独立思考。我一直很不明白高智商的人为什么会轻易模仿别人。我们从不把好的主意告诉别人。"并说："在决定什么东西是对，什么东西是错的时候，我必须依靠自己的独立思考去做出判断。我认为，如果我们每个人都能依靠自己的独立思考去做判断，那么这个世界将会变得更美好。即使我们的思考都相同，做出的判断也不一定一致。"

不过可惜的是，在现实的交易过程中，很多人往往会因受到很多消息的影响而不能形成自己独立思考的习惯。如果有人告诉你如何选成长股、价值股以及涨 10 倍、100 倍股票的标准，这可能都很容易理解，但如果他坚定不移地告诉你，XX 股票一定如何如何，这就好比你去菜市场，一个算命的拼命跟你说你未来如何如何是一个道理，不足为信。所以真正决定成败的还是投资思想层面的一些领悟，这比看到某些数量级的标准要更为重要。

切勿轻信他人

很多投资者是牛市很忙，忙着买进卖出。等到熊市大跌的时候，套牢了，就很闲。而巴菲特正好相反，他在牛市的时候，觉得股票已经明显高估，就把大部分股票抛出了，然后就开始做些休闲活动。因为他找不到便宜的、被低估的股票，所以显得很闲。但是，到了熊市他反而会特别忙。在熊市，股市特别低迷，大家都不谈股票，巴菲特却在这个时候对股市兴奋得一塌糊涂。经常是一上班就赶紧给他的经纪人打电话，之后就开始继续研究，看看现在到底有哪些公司特别便宜，然后再给经纪人打电话买股票。他每天关注《华尔街日报》上面的收盘价，了解最近一段大概到什么位置，在想买的时候打电话问问经纪人现在的价位是多少，告诉经纪人在什么区间之内买入。他的经纪人说，巴菲特有时一天会打五六个电话让他不停地买入，股市越跌——巴菲特让他买入得越多、越频繁。我们是大跌大悲，巴菲特是大跌大喜。

可以说，保持独立的思考能力和判断能力是一个成功者所必备的素质。巴菲特也一样。他在漫长的投资生涯中一直恪守一个观点：决不人云亦云，决不盲目跟风，绝不丧失自己坚持的理念。他一旦看准事情，就不会轻易改变初衷，他始终相信自己独有的准确判断力和预测水平。